オードリー・タン Thinking skills

私はこう思考する

オードリー・タン［語り］
楊倩蓉［取材・執筆］　藤原由希［訳］

かんき出版

「大人になってから、何をするにも人と比べることはなくなりました。
ＩＱ１６０という数字も、人と比べるためのものではないのです」

――唐鳳（オードリー・タン）

CONTENTS

PART 1 私はこう思考する
協働、共創、共有

第5章

時間の主人になる
自分の人生の主導権を握る

第6章

集中力と心の安定を保つ

GTD仕事術と心のマッサージ法

第7章

睡眠記憶法

大脳の働きを生かす

おわりに

自分の心を知れば、アルゴリズムに意思決定権を奪われずにすむ

ブックデザイン　山之口正和＋齋藤友貴（OKIKATA）
写真　江凱維（Kaii Chiang）
本文イラスト　竹田嘉文
DTP　Office SASAI

PART 1

私はこう思考する

―協働、共創、共有

第1章

多元的な知識体系の構築

家にいなくても独学はできる

私たちが暮らす世界では、状況が絶えず変化している。新たに生じた状況は、これまでの知識体系のなかには組み込まれていないため、既知の対処法をそのまま当てはめて処理することはできない。模範解答も存在せず、検討と議論を重ねて対処していくしかない。私たち一人ひとりが、いわば知識の空白を埋めるジグソーパズルのピースのようなものだ。オードリー・タンが自身の知識体系を構築し、更新していくなかで、影響を受けた学問とはどのようなものだったのだろうか?

独学の道を進むには、孤独にならないことが最も重要

1990年代初頭、アメリカ出身で現在は台湾籍のティモシー・ジョセフ・レーン（中国語名：藍亭《ラン・ティン》）は、国立政治大学の哲学科で論理学と心霊哲学を教えていた。当時、講義を聴講しに来ていた若き日のオードリーのことは、深く印象に残っているという。

現在、台北医学大学心智意識與脳科学研究所〔訳注：日本でいう人文社会科学部〕の教授を務めるレーンによると、当時わずか16歳だったオードリーは、教室で大学生たちに交じって講義を聞いていても、少しも物怖じする様子はなかった。台湾の国民中学〔訳注：台湾の義務教育の一部で、日本の中学校に相当〕に入学したが、学校教育では彼女の求める学びを十分に得ることはできなかった。しかし当時、教育部〔訳注：台湾の教育文化政策を担当する官庁〕はまだホームスクーリングを正式に認めていなかった。幸運だったのは、中学2年のときの校長が進歩的な思想の持ち主だったことだ。校長はオードリーに、試験の日には必ず登校すると約束させ、それ以外の日は自宅で学ぶことを許

可した。それ以降、ホームスクーリングを通じて徐々に独自の知識体系を築いていくことになる。

当時、オードリーは自宅から通いやすい国立政治大学で、哲学分野の講義をたびたび聴講した。この大学で、その後の科学倫理に対する考え方に重要な影響を与える人物と出会う。それがティモシー・ジョセフ・レーンだ。オードリーはとても積極的で、講義が終わるとレーンを訪ね、哲学や論理学について質問した。ときには大学の図書館の前で気ままに笛を吹く姿も見かけられたという。

ある日の講義後、オードリーはレーンに、批判的な視点で書かれた哲学書でおすすめの本はないかと尋ねた。そこでレーンは、著名な科学哲学者であるポール・ファイヤアーベントの『方法への挑戦　科学的創造と知のアナーキズム』（新曜社）を紹介する。ファイヤアーベントはこの本のなかで、一元的な思考にとらわれず、多元的に意見を交わすべきだと主張している。ファイヤアーベントの理念は「anything goes（なんでもあり）」だ。科学の分野で１００パーセント確実なことなど一つとしてない。今日、正しいとされている理論も5年後、10年後には覆される可能性があるのだから、先人が作り上げた枠に当てはめてそれを規範にすべきではないという考えだ。レーンはファイヤアーベントの観点に完全に同意していたわけではないものの、この本を重要な哲学書の一冊だと考えていた。

大学生ですらないオードリーを、レーンは決して子ども扱いせず、大人同士として接した。知的交流においても「指導する」という立場ではなく、絶えず討論と検証を重ねることでオードリーの学習意欲を刺激していった。

「二人であらゆる話をして、たくさんの本を読んだ」

オードリーと話した日の帰り道、レーンはいつも明るい気分になった。知識に貪欲なオードリーの態度は、自身の少年時代を思い起こさせた。レーンもかつては学校の教科書で学ぶことを嫌い、両親も無理に登校させようとしなかった。だからこそ、何の制限もなく自由に本を選び、文系・理系を問わず、さまざまな知識を吸収することができたのだ。

『方法への挑戦』という本が、オードリーに大きな影響を与えた理由は何だろうか？

オードリーは14歳のときに学校へ行くのをやめた。中学2年までは試験のために定期的に登校していたが、基本的には既存の教育制度から完全に離脱して独学の道を進んでいた。早熟で、幼いころから天才児と呼ばれてきたが、教育制度から外れてすぐに自分の進むべき道が明確になっていたわけではない。その道を歩んだ経験者として、独学では「孤独にならないことが最も重要」だと強調する。

独学とは家にこもって学ぶことだと多くの人が誤解している。だが実際には、独学の道を選んだ者は、普通の学生以上になんらかのコミュニティに属したり活動に参加したりして、孤独に陥らないようにする必要がある。

自分の居場所を求めて大学へ行き、哲学からインターネットに関するものまでさまざまな講義を聴講して思想的視野を広げていった。8歳か9歳のころから哲学教室に通い、哲学的な思考の訓練を積んでいたが、10代のころにレーンから受けた影響は非常に大きかった。『方法への挑戦』について、オードリーはこう語る。「科学哲学に位置づけられる本ですが、実際に語られている内容はアナーキズムについてです。科学は『なんでもあり』だとして単一的な科学哲学を否定し、科学の領域内であれば、既存の体系や方法によることなく自由に自説を展開してかまわないと主張する。既存の方法を否定する内容だから、『方法への挑戦』というタイトルなのです」

オードリーはレーンにすすめられた『方法への挑戦』を読みつつ、そのほかにもさまざまな講義を聴講していた。その一つが、ドイツの哲学者ハンス・ゲオルク・ガダマーの『真理と方法』（法政大学出版局）に関する張鼎国《ジャン・ディングオ》の講義だった。

オードリーによると、『真理と方法』で語られているのは比較的壮大な思想体系であり、『方法への挑戦』とは正反対のものだという。この本で述べられている概念は、たとえ著者が死んでもテクストを読むことで当時の著者の視野に少しずつ近づき、さらには読者と著者の視野を融合させて一つにすることができるというものだ。欧米では特に有名なこの権威ある哲学書のなかで、ガダマーはこう主張する。私たちが自分の目で見ているものと、相手の立場に立ったときに相手が見ていると想像できるもの、その両者は最後には融合して一つになる。この過程を「地平の融合（fusion of horizons）」と呼ぶ。一方、『方法への挑戦』は「いかなる考え方にも接近する必要はない、いずれにせよ役に立つものはそのままでも役に立つ」という立場だ。

ファイヤアーベントの『方法への挑戦』とガダマーの『真理と方法』は、いずれもトップダウン式のシステムを否定するという点が共通している。社会集団のなかで個人が各々の信念に従って行動しつつ、コミュニケーションを通じて互いに討論を重ね、納得し合い、対人関係を構築することを強調している。

こうした哲学的概念に触れたことは、青少年期のオードリーにとって大きな糧となった。唯一の正解を求める直線的な教育システムのなかで育ってきたオードリーは、この世界に正しい答えを知る者など誰もいない、「誰もが自分にとっての正しい答えをもっていていい」のだと深く悟った。

同時に理解したのは、「問題解決の責任を一個人に負わせない」ことの重要性だ。将来、新しい壁にぶつかっても、その重責は自分一人の肩にかかっていて、なんとしても自力で解決しなくてはいけないと考える必要はない。この考え方は、その後のネットワーク社会における対人関係にも当てはまる。問題にぶつかったときは、みんなでアイデアを出し合い、責任を分担して「共創」と「協働」を目指せばいい。成功とは一人で成し遂げるものではなく、大勢が力を合わせて解決の道を探ることなのだ。

> この世界に正しい答えを知る者など誰もいない、
> 誰もが自分にとっての正しい答えをもっていていい。

直線的な教育の束縛から逃れる

独学をする者にとって、「問題解決の責任を一個人に負わせない」と意識することが重要なのはなぜだろうか？

台湾では、ホームスクーリングでの学習者が年々増えており、２０１９年には８０００人あまりに達した。そのとき、台湾で最も有名かつ早くから独学の道を切り開いていたオードリーは、「独学者がまず克服しなければいけないのは孤独という感情だ」と考えた。自分の居場所を探していたころ、互いに信頼し合えるコミュニティが一つもなかったとしたら、たとえオードリーであってもあらゆる方面に思考を巡らせることは難しかっただろう。思考は個人の経験の範囲内に限定され、その深さも制限されてしまうからだ。自分は何の後ろ盾もない孤独な存在だと感じずにすむところに、コミュニティに参加するメリットがある。

本人が語っているように、14歳で旧来の教育システムを離脱してから、オードリーは大学で聴講するほかに、老舗の茶館「紫藤廬《ツートンルー》」でプログラミングの愛好家たちと定期的に集まったり、プログラミング言語「パール（Perl）」の世界的なコミュニティにオンラインで参加したりしていた。このコミュニティを通じて、国の垣根を越え、世界各地から集まったプログラミング言語のマニアたちと出会えた。それ以上に重要なのは、共に何かを作り上げる仲間ができたことで、毎朝、目覚めるのが楽しみになったという点だ。毎日、少しでも自分の能力を生かして貢献することができる。たとえ今日、問題の解決方法が見つからなくても、コミュニティの誰かが一緒に考え続けてくれる。ほかの誰かが解決方法を見つけたら、自分もさらに思考を深め、別の問題解決に貢献することができる。このコミュニティでは、みんなが互いのアイデアを結びつけることで、よりよい結果を生み出していた。

「別の言い方をすれば、ヒーローへの幻想を捨てることです。ある特定の分野に力を捧げることは、ずば抜けた才能を持つ一部の人だけにしかできないわけではない。競争より共創という考えにより、直線的な教育の束縛から逃れることができました」

小学2年からギフテッド・クラスで学び、つねにトップの成績を収めていたオードリー。同級生からカンニングを要求されるも拒否したことで、数人に追いかけられ、蹴られたこともあるという。このころは、まだテストの点数を気にかけていた。しかし、中学2年になるころには、成績に対する考え方は百八十度変わっていた。答案を白紙で提出し、順位を争うこともしなくなった。ギフテッド・クラスの生徒は統一入試を受ける必要がなく、学期中に実施される定期テストの成績に応じて高校への推薦が決まる。白紙の答案を出すことによって、高すぎる成績をつけられることを避け、ほかの同級生の希望する進路に影響を与えないようにしていた。

中学2年で学校を中退するまでに、オードリーは六つの小学校に通い、そのうち1

年間はドイツでも学んでいる。欧米の教育の洗礼を受けたことで、成績に対する考え方は完全に変わった。工場の生産ラインのように規則的な作業を求められ、規定の時間内に定められた学習内容を順序どおりに完了させなければならない旧来の教育システムは、まったく合わなかった。9歳の1年間を両親と共にドイツで過ごしたのちも、ずば抜けた才能を見せたことから、名門校への進学をすすめられるものの、すべて断った。旧来の教育システムのなかに、自分に適した道は存在しないことがわかっていたからだ。

「1位だの2位だのという順位のプレッシャーがなくなって、初めて自分の進むべき方向が見えてくる。順位は他人がつけるものであり、それにとらわれることは、つまりは他人が示した道を進んでいるに等しいのです」

北政中学に在学しながらのホームスクーリングで取り組んだ、「ネット上では、人はなぜすぐに相手を信頼したり憎んだりするのか」といった研究テーマも、台湾の小中高生が参加する科学コンクール「科展」で選んだテーマも、高校受験にも大学受験にも役に立たない、完全に個人の興味が高じた自発的な探求だった。

ホームスクーリングを始めたオードリーが出会ったのは、大量の哲学思想だけにとどまらない。1990年代はインターネットとワールドワイドウェブが急成長した時代で、おびただしい量の情報が潮のごとくネット上にあふれ、人々を興奮させた。オードリーは、「インターネット世界がすばらしいのは、実名を出しても出さなくても、世界のどこかで必ず意気投合する相手を見つけられる点です」と語る。独学をする者が何かに関心を持ち、それにまつわる組織やコミュニティを作りたいと考えたとき、その実現のために最適な場を提供してくれるのがインターネットなのだ。

独学をする者にとって、孤独を克服し、意気投合する仲間を見つけることと同じくらい重要なのは、大量の情報のなかからいかに自分だけの知識体系を作り上げていくかという問題だ。2020年にオードリーとのオンライン対談で、テクノロジーの未来について独自の見解を示した、新鋭の歴史学者で思想家のユヴァル・ノア・ハラリは、著書『21 Lessons　21世紀の人類のための21の思考』（河出書房新社）の冒頭にこう書いている。「的外れな情報であふれ返る世界にあっては、明確さは力だ」

明確さが重要なのはなぜか？　ハラリはこう述べている。私たちが暮らす世界は未曾有の困難に直面している。大量にあふれ返るフェイク情報が、人々に誤った選択をさせ、明確なビジョンを持ち続けることは難しくなっている。詰め込み式の教育は洋の東西を問わず、依然として現代教育における最大の欠点だ。欧米で盛んな自由主義教育は、学生たちに自ら思考することを促す。だが、膨大なデータを学生たち自身に自由に消化させつつも、系統立った世界観を構築するよう求めるのであれば、それもまた詰め込み式教育にほかならない。

産業革命の時代、詰め込み式教育により、知識は工場の生産ラインのように自動的に伝承され、蓄積されて、工業化を推し進める力となった。だが、現在の人類は、急速な気候変動・AI・ビッグデータ・遺伝子工学・アルゴリズムなど、かつてないほどさまざまな課題を抱えている。過去の知識をいくら蓄積しても、未来の問題は解決できない。現代社会を生きる者は、どんな年齢層であっても、つねに新しいことを学び続け、未来に対する認識をアップデートしていくことが求められる。「そのような世界で生き延び、栄えるには、精神的柔軟性と情緒的なバランスがたっぷり必要だ」

この言葉は、オードリーがこの世界を理解したり、知識体系を構築したりするときの心境を表現するのにぴったりだ。

> 1位だの2位だのという順位のプレッシャーがなくなって、初めて自分の進むべき方向が見えてくる。

討論を経てこそ、知識に価値が生まれる

1981年生まれのオードリーが育った時代は、まさに能力主義とエリート教育への信仰が広がり始めた時代と一致する。

『これからの「正義」の話をしよう——いまを生き延びるための哲学』（早川書房）が全世界で注目を集め、当代一の有名哲学者となった、ハーバード大学政治哲学教授のマイケル・サンデルは、2020年のパンデミック期に書いた『実力も運のうち　能力主義は正義か？』（早川書房）のなかで、エリート教育が現代社会にもたらす害悪を指摘している。1980年代にハーバード大学で教え始めたとき、「ハーバード大学に合格できたのは自分が努力した結果であり、運は関係ない」と考える学生が増えていることに気づいたという。

こうした現象はアメリカだけで起きていたわけではなかった。その後、世界各地で講演した際にも、「成功は自分のおかげ」という意識が広がっていることを実感した。多くの人が「努力さえすれば成功できる、失敗の原因はすべて当人の努力不足にある」と考えていたのだ。能力主義によって競争心が強まった学生たちは、「成績ばかりを心配し、知的好奇心を失いそうになっていた」

学歴戦争のなかで勝敗を競う者たちには、自分は何者かと思考したり、興味の対象への探求を深めたりしている暇はないのだ。

エリート教育には別の弊害もあるとサンデルは指摘する。それは、つねに試験によって選別され、厳しい闘いを強いられてきた学生たちの間に「完璧主義後遺症」が生じることだ。好成績を収めて自分の価値を高めようと努めるあまり、心を病んでしまう。この数十年、世界中で青少年のうつ病が増加の一途を辿っている原因がここにある。オードリーが小学校でいじめを受けていたときに感じた現実も、まったく同じものだった。誰もが順位を競うばかりで、人生に対する好奇心を失っている。

「教育システムから離脱したばかりのころは、まだ競争心が残っていました」

退学してから大人になるまでの期間について、オードリーはこう振り返る。当時は「マジック：ザ・ギャザリング」というカードゲームに熱中していた。このゲームで、台湾ランキング1位になったことで、台湾代表として日本での世界大会にも出場し、ベスト8に入っている。その後、こうして競い合うことにも嫌気がさし、ゲームはやめてしまった。

「大人になってから、何をするにも人と比べることはなくなりました。IQ160という数字も、人と比べるためのものではないのです」

自身が喜びを感じるのは、成功して他人に評価されたときではない。さまざまなコミュニティに参加して、仲間と共に一つのテーマを研究し、成果に貢献できた分だけ、自身には価値があると感じられる。そのことを、独学を通して少しずつ悟っていった。

私たちがふだん教育について語るとき、「誰かが正しい答えを独占している」と感じがちだ。しかし、私たちが暮らす世界では状況が絶えず変化している。新たに生じた状況は、これまでの知識体系のなかには組み込まれていないため、既知の対処法をそのまま当てはめて処理することはできない。模範解答も存在せず、検討と議論を重ねて対処していくしかない。私たち一人ひとりが、いわば知識の空白を埋めるジグソーパズルのピースのようなものだ。ジグソーパズルに、自分が1位だとか誰が2位だとかいう競争の概念はない。一つひとつ、つながり合っていくだけだ。

この考え方を知識論に当てはめてみると、私たち一人ひとりの主観や経験こそが、何物にも代えがたい貴重なものだと言える。全員が同じ内容を１００パーセント正確に暗記する必要はない。テクノロジーが発展した現代においては、それはコンピューターが代わりにやってくれる。だが、コンピューターには絶えず変化する世の中に対応する能力はない。

「模範解答の暗記」から「ジグソーパズル」への転換は、オードリーが独自の知識体

系を築いていくための出発点となった。自らプログラムを組んだサイバースペースに仲間を集めて交流を促すだけでなく、自分自身も積極的に他人が作ったネットコミュニティに参加して「ジグソーパズル」を楽しんだ。この「問題解決の責任を一個人に負わせない」という学び方には大きな利点がある。新しい壁にぶつかったときに、その重責は自分一人の肩にかかっていて、なんとしても自力で解決しなくてはいけないと考えずにすむ点だ。サンデルが指摘する「完璧主義後遺症」にかかることもない。私たちの世界では、もはや個人の力だけに頼って問題を解決することなど不可能なのだ。

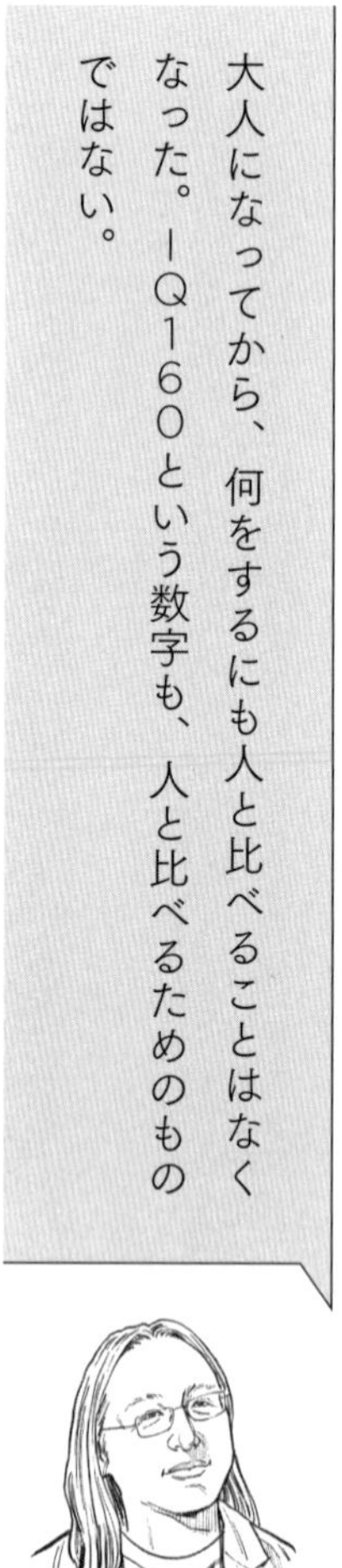
大人になってから、何をするにも人と比べることはなくなった。IQ160という数字も、人と比べるためのものではない。

第2章

世界よりもっと広い世界

読書が深い思考への扉を開く

テスラやフェイスブックの創始者たちが一様にＳＦ小説を読むことを推奨するのはなぜか？　アシモフのＳＦ小説から各ジャンルの古典まで、読書を通じてオードリーはどのような思考力を手に入れたのだろうか？

ＳＦ小説は未来について思考するトレーニング

ＳＦ小説を読むのが好きだという著名人は少なくない。オードリーもその一人だ。幼いころから、普通の人よりはるかに多様なジャンルの本を山ほど読んできた。休学した時期も、週に数日しか通わなかった時期も、そのほとんどの時間を読書をして過ごした。読書はオードリーを「いじめ」という暗闇から連れ出してくれた。心理学者の著書を読み、同級生が自分をいじめる理由を理解した。「いじめっ子は他人と比較することで自信を得ているから、少しでも失敗すると焦りを感じるのだ」と。「読書に助けられなかったら、人間関係の泥沼にはまっていたでしょう」

多様なジャンルのなかでも、オードリーが特に好んで読むのがＳＦ小説だ。インタビューでの未来についてどう考えるかという質問に、「ＳＦ小説を読みましょう」と答えている。

SF小説と未来とはどんな関係があるのか？　テクノロジー界のトップに立つ二人の起業家もSF小説の熱烈な愛読者だ。電気自動車メーカー・テスラと、宇宙開発企業スペースXの創業者であるイーロン・マスクは、子どものころからSF小説に熱中していた。『ザ・ニューヨーカー』誌のインタビューで、マスクは次のように語っている。8歳のときに両親が離婚し、母親は仕事で忙しかったため、子どものころは一人で過ごすことが多かった。『指輪物語』や『ファウンデーションシリーズ』といったファンタジーやSF小説が、孤独な成長期に寄り添ってくれた。特に夢中になったのが、SFの巨匠アイザック・アシモフの『ファウンデーションシリーズ』だ。銀河帝国の崩壊と暗黒時代の到来を描いたこれらの作品は、マスクをSF小説のとりこにし、やがて宇宙開発を目指す原動力となった。

マスクはまた、スペースXのドローン船2隻に、故イアン・M・バンクスのSF作品『ゲーム・プレイヤー』に登場する宇宙船の名前をつけている。フェイスブック創業者のマーク・ザッカーバーグも、おすすめ本としてバンクス作品を挙げている。

かつて、メディアの取材で青少年がSF小説を読むことについて質問されたオードリーは、こう答えている。「ＳＦ小説は世界との付き合い方を教えてくれます」

小学2年のころ、同級生からいじめを受け、学校へ行けなくなったオードリーのために、母親は三人の優れた教育者を探してくれた。一人は楊文貴《ヤン・ウェングイ》教授、もう一人は児童哲学を広めた楊茂秀《ヤン・マオシウ》教授だ。楊茂秀が創設した「毛毛蟲《マオマオチョン》児童哲学教室」における教師の役割は、ある理念をどのように理解すればよいか、子どもたちが議論するのを手助けすることだけだった。オードリーはこの教室で、批判的思考・配慮的思考・創造的思考といった思考方法を身につけた。

そしてもう一人が、有名な数学教育者である台湾大学の朱建正《ジュー・ジエンジェン》教授だ。彼はオードリーに、より高度な物理と数学を学ぶことをすすめた。9歳のオードリーにアシモフのＳＦ小説を読むようすすめたのも彼だ。ロシアで生まれ、アメリカで育ったＳＦ作家のアシモフは、世界中のＳＦファンから圧倒的な人気を誇り、20世紀のＳＦ小説の第一人者として多くの著作を残している。なかでも『ファウンデーションシリーズ』やロボットシリーズなどの作品は広く親しまれている。

インターネットのない時代、オードリーはアシモフ作品に登場する音声入力などのテクノロジーに興味をかきたてられた。SF小説はテクノロジーが社会にもたらす変化を先取りして描いている。近年、欧米で人気のドラマシリーズ『ブラック・ミラー』も、ネットコミュニティが現実の社会生活に与える影響など、高度に発展したテクノロジーが人類にもたらす弊害をドラマの形で描き出すものだ。

アシモフの小説のなかで、人類はよりよい生活を求めて新たな機器を発明する。やがて1台のロボットが自我を持ち、自分は人類よりも優れていると考えるようになり、最後にはロボットが人類を支配するという恐ろしい事態へと発展する。人類のための発明が、まったく逆の結末を迎えるのだ。アシモフ作品にはこうした概念を核としたものが多く、そのメッセージを伝えるために登場人物やストーリーが作られている。

子どものころにアシモフの科学倫理に関する思考に触れたことは、オードリーに大きな影響を与えた。科学や技術のすべてがいいものとは限らない。今は目に見えなくても、時代を経て問題が現れることもありうるのだ。もちろん、テクノロジーを研究する目的は自分や他人を助けるためであって、未来を破壊するために開発する者はいないのだが。

ＳＦ小説を通じて、テクノロジーが社会にもたらす変化を知ったオードリーは、あることに気づく。新たな技術を開発する際には、倫理的な思考も必要だという点だ。たとえば、橋を作るときに手抜き工事をすれば、自分たちが使う間は壊れることがないとしても、次世代の人々の幸福を脅かすことになる。「倫理的な思考をしていれば、新技術を開発しようとするとき、次世代に害を及ぼすような方向へは進まないはずです」

アシモフの小説は、数百年や数千年という長い時間軸で語られるものが多く、それが間接的に読者の思考を促している。新しい道具が発明されるとき、通常それは「今、役に立つ」ことを目的としている。次の時代まで使われるかどうかはわからないため、もっぱら現時点での用法だけに注目して開発が進められる。だが実際には「今、役に立つ」はずのものは年月を経るうちに習慣化し、最後には「習慣だから使い続ける」という状態になる。「今、役に立つ」という当初の理想からかけ離れていくのだ。結果、後世の人がその道具を使うと社会に害を及ぼすといった事態が生じる。「問題を解決する」という発明の目的が忘れ去られてしまうのだ。

オードリーはオゾン層破壊の原因とされるフロンを例に挙げる。最初は優れた発明とされたが、のちに次世代の子孫たちに紫外線の問題を残すことがわかった。問題に気づいた人類は、すぐさまフロンの規制に踏み切る。もし次世代へ配慮する思考がなければ、手遅れになっていたかもしれない。

SF小説は小説家が描く架空の物語であり、語られる未来はすべて想像にすぎない。だが、現実の生活に照らしてみるとどうだろう。気候変動や地球温暖化といった人類が今まさに直面する問題は、文明が発展するなかで、新たなテクノロジーが及ぼす影響を予想できなかったことが原因で起きている。すでに解決が難しい段階まで来ていて、次世代への影響は避けられない。世界中の人々が知恵を絞っても、温暖化の進行を止める方法はなく、いかに適応していくかを考えるしかない。アシモフの小説が私たち人類に与える警告だ。

オードリーはもう一つ例を挙げる。クッキー（Cookie）という技術の発明で、ウェブサイトはユーザーのブラウザを追跡することが可能になった。ユーザーがサイト内でアクセスしたデータがクッキーに保存され、そのデータは別サイトの広告業者も見ることができる。クッキーによってユーザーの行動履歴が、それを金儲けに利用したい人へ簡単に売り渡されるようになったのだ。

クッキーという技術が発明されたのは、そんな目的のためではない。本来の目的はただ一つ、ユーザーのサイトへのログインを簡単にすることだった。技術が生まれた当初は、目的外の利用法がこれほど増えるとは予測できなかった。グーグルがネット広告企業のダブルクリック社を買収したのち、利益の多くがこの誤った利用法の上に成り立っていた。クロームブラウザの開発者であるグーグルは、自らの首を絞めるような状況は避けたかった。だが、クロームからクッキーを排除することは、主要な収入源が断たれることを意味するため、その決定を下すのは容易ではなかった。

最悪の事態に至らなかった理由は、クロームが唯一のウェブブラウザではなかったことだ。サファリやファイアフォックスといったほかのブラウザがクッキーの規制に乗り出し、クロームもユーザーのプライバシーを守る方法を考え始めた。しかし、あまりに時間をかけすぎたため、大部分の開発者はクッキーの存在にすっかり慣れてしまっていた。１９９４年にクッキーが登場してから２０１４年まで20年もの間、大勢の人がクッキーという技術の欠陥と闘うことに力を注いだ。

これが、アシモフのＳＦ小説で語られる科学倫理の思考だ。ある技術や製品を開発するとき、その時代の需要に即しているだけでなく、20年後、さらにはもっと先の未来に人類社会に与えうる影響についても考慮する必要がある。「私が新しいものを作る目的は、後世の人々がより簡単に新しいものを生み出せるようにすることです。完璧なものを作り上げて、次なる創造の芽をつむことではありません」

ＳＦ小説は世界との付き合い方を教えてくれる。

テッド・チャンの小説は
ＳＦと哲学の融合

子どものころに読んだアシモフ作品に影響され、オードリーはテクノロジーと倫理の問題を重視するようになった。近年は著名な華人作家テッド・チャン（中国名：姜峯《ジアン・フォン》楠《ナン》）のＳＦ作品『あなたの人生の物語』（早川書房）と『息吹』（早川書房）を周囲の人にすすめているという。

アシモフが20世紀で最も有名なＳＦ作家だとすれば、21世紀で最も有名なＳＦ作家はテッド・チャンと言えるだろう。台湾系アメリカ人であるチャンは、１９９０年に発表した小説『バビロンの塔』（短編集『あなたの人生の物語』収録、早川書房）で、アメリカのＳＦ文学の最高賞であるネビュラ賞を受賞した。以来30年間、短編・中編小説のみを書き続け、世界中の主要な文学賞を次々に受賞している。２０１７年のアカデミー賞で、作品賞をはじめ主要8部門にノミネートされた映画『メッセージ』は、小説『あなたの人生の物語』が原作だ。

オードリーは、テッド・チャンの小説には旧来の本格SFのような堅苦しい教訓がなく読みやすいと言う。『あなたの人生の物語』はこんなストーリーだ。ある日突然、異星の飛行体が地球の上空に現れる。エイリアンが地球へやって来た目的を探るため、米軍は言語学者のルイーズ・バンクス博士に協力を要請。ルイーズはエイリアンとのコミュニケーションを試みる。エイリアンは円筒状の体に7本の足を持つことから「ヘプタポッド」と名づけられる。

当初、ルイーズはヘプタポッドの文字が解読できず、意思の疎通は不可能かと思われた。ヘプタポッドの文字は人類の文字表現とはまったく異なっていた。複雑な記号が連なったもので、向きが変われば表現する意味も変わる。人類の文字は縦と横からなる二次元の平面空間だが、エイリアンの文字は縦と横と高さからなる三次元の立体空間に属する。さらにルイーズは、エイリアンが文字を書く前に「未来に起きる出来事をすでに知っている」ということに気がつく。ヘプタポッドの文字を研究し、その三次元の文字を習得したことによって、徐々に未来を予知する能力を手に入れ、自分の生涯を知ることになる。ただ、未来を見ることはできても、変えることはできない。

それはすでに定められた運命だからだ。ルイーズはただ、未来を意識しながら、絶えず発生する物事と来たるべきときの到来を見守ることしかできない。

テッド・チャンの小説は、オードリーの思想にどのようなヒントを与えたのだろうか。オードリーは、「ちょうど私たちが無意識に呼吸しているようなものです」と言う。無意識で呼吸をしている私たちが「深呼吸をしよう」と考えたときから、呼吸を意識するようになる。次にまた深呼吸をすることがわかっても、それに抗い、呼吸せずにいることは不可能だ。ただ、自分が呼吸していることを意識しながら呼吸するほかない。それは必ず起こる出来事であり、起こらないようにはできないのだ。

『あなたの人生の物語』という小説のなかでは、自由意思と運命論は矛盾しない。その事象が生じていることを強く感じているか否か、違いはそれだけだ。先ほどの呼吸の話も同じ。呼吸を感じることは、すなわち意思を持って意識的に呼吸することを意味する。運命に抵抗するために呼吸をやめることはない。意識的に呼吸することは、意識的に生活することでもある。一見、自分自身が主導しているように思えるが、客観的に見れば、いずれも「呼吸している」という点において、無意識で呼吸しているのと大きな違いはない。『あなたの人生の物語』の主人公も、未来が見えるようになったにもかかわらず、その人生の結末は変わらない。違いは彼女が未来に起きる出来事を意識していたかどうかだけだ。

『予期される未来』（短編集『息吹』収録、早川書房）も、オードリーが賞賛する一作だ。物語は、車のリモコンキーほどの大きさの「予言機」を通して、人間には果たして自由意思があるのか、あるいはすべて運命によって定められているのかを問いかける。

予言機にはボタンが一つと、大きな緑色のＬＥＤランプがついているだけ。ボタンを押すとランプが光るのだが、面白いのは、ランプが光るのはボタンを押す1秒前という点だ。わざとボタンを押さないようにすればランプも光らない。1秒後にボタンが押されることが確定したときにだけランプは光る。この予言機には時間を逆に遅延させる機能がある。ボタンが押されると、信号が1秒前の過去に送られ、ランプが光る。「この予言機は世界を変えはしませんが、本当の自由意思など存在しないことを明確に示してくれます」とオードリーは言う。自由意思とは、意図してボタンを押すことだけ。ランプが光ったのを見て、ボタンを押すのをやめることではない。なぜなら、そのような結果は生じ得ないからだ。ランプが先に光ることが示すのは、一つの結果だ。1秒後に必ずボタンが押されるからこそランプは光る。

オードリーいわく、自由意思とは、ただ人々が「存在する」と言っているだけのものにすぎない。だが、その存在を否定することは不可能だ。人々の頭のなかに存在するものを、他人が見ることはできないからだ。テッド・チャンは脳内の回路を表に取り出し、具象化して、自由意思など存在しないことを私たちに示してくれた。この比喩の手法は非常に巧妙だ。脳神経科学の問題を、自分の身に置き換えやすいたとえを用いて語っている。自由意思の力では未来は変えられないことを人々に悟らせ、自分自身への理解を深める手助けをしてくれる。

テッド・チャンの小説は大半が短編で数も多くはないが、SFと哲学思考が融合した作品はどれも読者に大きな衝撃を与えるものばかりだ。アシモフとの違いは、チャンは発明家ではないという点だ。これをやればどうなるか、あれをやればどんな結果を生むかなどと示すことはしない。小説の情景を通じて、私たちがふだん見過ごしている疑問を浮かび上がらせ、意識させる。

『理解』（短編集『あなたの人生の物語』収録、早川書房）は、ごく普通の人間が開発された薬物のおかげで超人的な知能を手に入れる物語だ。主人公の目には、世の中のあらゆる物事が意味と秩序を持って映るようになり、学習能力が急速に向上する。知能が無限に上昇していくなかで、作者はもう一つの疑問を投げかける。「人は自分の知能を完全にコントロールできるのだろうか？」

「超人的な頭脳」について、オードリーは別の視点を持っている。私たちが学びうることの大半は、既知と未知の中間の距離に存在している。何かを学ぶとき、直接経験したことのない水準まで一気にたどり着けるとしても、経験がないゆえに具体性に欠け、結局自分のものにするのは困難だ。オードリーが誰かと一緒に仕事をするとき、「共通の経験」を強調する理由がここにある。

もし互いに共通の経験がなければ、いくら物事を順序立てて構造化しても、互いに脳内で補完することしかできない。共通の経験は、いわば「照準線」のようなものだ。それを基準に認識のずれを修正していくことで、初めて何かを学びとることができる。

オードリーが子どものころ、よくゲームで遊んでいた時期があったが、父親は「子どもが暴力的になる」と言って禁止しようとした。そのとき、オードリーはこんなふうに反論した。もし「シドマイヤーズ シヴィライゼーション」で遊んでいなかったら、ウィル・デュラントの歴史書『The Story of Civilization』を読み切ることはなかっただろう。このゲームを通じて、歴史書に登場する指導者たちと同じ決断を迫られるという経験ができる。敵が三段櫂船《さんだんかいせん》〔訳注：紀元前5世紀ごろの地中海で使われた軍船〕で襲ってきたら、沿岸の都市を見捨てるべきか？　あるいはさらに優れた航海技術を開発するべきか？

ゲームで遊んでいない限り、日常生活のなかでこのような決断を迫られることは決してありえない。だが、ゲームで何度もこうした体験をしてから『The Story of Civilization』を読めば、カルタゴやギリシャの当時の情景を思い浮かべることができる。

AIは最初から賢いわけではない、成熟の過程が必要だ

イーロン・マスクとマーク・ザッカーバーグが高く評価する、もう一人のSF作家がスコットランドのイアン・M・バンクスだ。オードリーもバンクス作品、特に宇宙文明を描いた「カルチャー」シリーズを愛読している。

このシリーズで描かれる未来の世界では、人類社会はAIによって運営されている。人類とAIは平和的に共存しているものの、この文明での人類の役割は特に重要なものではなくなっている。オードリーいわく、「カルチャー」にはほかのSF小説にはない特徴がある。それは作者からのメッセージだ。「人類が築いてきた社会の価値観をAIに正確に伝授することができたら、最終的に文明はどんな状態になっていくのか。決して悪くはないものだと、私は思っています」

多くの人はAIについて、完全に成熟した状態に設定されているものだと思ってい

る。ＡＩにも未熟な状態から段階的に成熟していく過程があるとは考えない。大半のＳＦ小説に登場するＡＩは成熟した知能を持ったロボットで、人類に反旗を翻し、なぜか地球上の人類を滅亡させる。あるいは、映画『マトリックス』のように、まるで神のごとくあらゆる問題を解決する存在だ。

ＳＦ小説に登場するＡＩの大半が、「癇癪《かんしゃく》を起こした子ども」か「全知全能の神」として描かれ、中間の段階が飛ばされている。ＡＩにも3〜4歳の子どもから30〜40歳の大人へと社会的に成長していく過程が必要であることに思い至る人は少ない。成熟へと向かう段階のＡＩに、人類はどう寄り添うべきか？　この問題を扱っているのがテッド・チャンの小説『ソフトウェア・オブジェクトのライフサイクル』（短編集『息吹』収録、早川書房）だ。最初は動物のようなＡＩが、どのように8〜9歳程度の知能を獲得していくのか。ＡＩを養い育てる過程を追うことで、読者に新たな視点を与え、深い思考へといざなう。

テッド・チャン自身も、「作品ノート」にこう記している。「ＡＩのはたす役割が従業員であれ、恋人であれ、ペットであれ、その発達過程において、彼らのことを大事にする人間がいたほうが、ＡＩはより高い性能を発揮できるだろう」

ＳＦ小説から現実社会に目を向けてみよう。社会ではかねてよりＡＩの重要性が強調され、近い将来あらゆる仕事がＡＩに取って代わられるという論調が多いなか、オードリーは別の視点を示す。ＡＩがまだ完全には成熟していない状況下では、ＡＩと協調するため、あるいはＡＩがブームだからという理由で、人の尊厳や人権といった、人類がずっと大事にしてきた価値を放棄するべきではない。ＡＩを発展させるという目的のために、データを管理する権利を犠牲にして、あらゆるデータをＡＩに集中させる必要もない。どのみち、いずれＡＩは徐々に成熟していくのだから。

「ＡＩの名を借りた独裁統治という手法は、アシモフが以前から警告していたものです。私たちの社会は安易にその道を進もうとしがちですが、決して好ましい結果を生まないでしょう」

現在のＡＩの技術も、人々のＡＩに対する理解も、いまだに成熟してはいない。私たち一人ひとりがそれを理解していれば、**ＡＩを神のようにあがめたり、悪魔のよう**

に忌み嫌ったりして、権力を少数の人間に集中させるのではなく、社会全体とＡＩを共存させつつ、共にゆっくりと成長させ、問題点を改善していくことができるはずだ。

ユヴァル・ノア・ハラリは『21 Lessons』のなかで、現代のＳＦ小説は人間とロボットが戦争をする可能性を過剰に不安視していると指摘する。「実際に恐れる必要があるのは、アルゴリズムによって力を与えられた少数の超人エリート層と、力を奪われたホモ・サピエンスから成る巨大な下層階級との争いだ」

オードリーとのオンライン対談で、ハラリは「デジタル独裁」への懸念を示した。20世紀の独裁国家は捜査官を使って情報収集をしていたが、ＡＩがある現在、捜査官は必要なくなった。ＡＩは人類生活のすべてに関わる決定を行うことができるからだ。

それでも、人類が生み出した価値が依然として重要である理由は何か？　ハラリは、「人権」という概念の根拠は「あなたが人間である」という一点にあるとする。国籍も性別も宗教も、属する組織も関係ない。人間でさえあれば人権は保障される。しかし、もしＡＩが独裁化したら、あなたが人間であるか否かをＡＩによって判定されるという事態が容易に起こりうる。皮膚の色や顔の形が顔認証のカテゴリーに含まれていなかった場合、背景の一部と認識され、たちまち人権を失ってしまう。

人間として生まれた以上、人権は必ず保障される。自分が人間であることを証明する必要はない。現在のようにＡＩが未成熟な段階では、「ＡＩは99パーセントの確率で正しく人間を識別できる」ことを根拠に、残る１パーセントの人を「人間ではない」と決めつけるべきではない。ＡＩの判断に過度に依存すると、一部の人々を社会から排除する結果が生じ、いわゆる「デジタル・インクルージョン」〔訳注：属性にかかわらず、すべての人がデジタルテクノロジーの恩恵を受けられること〕は達成されない。オードリーも、こうした状況が発生した場合、それはプログラマーの問題であって個人の問題ではないことをはっきり指摘する必要があるとしている。

言い換えると、状況改善の責任を負うのはプログラマーであって、ＡＩに認識されなかった人々ではない。プログラマーのすべきことは、ＡＩの仕様を説明し、「ＡＩに認識されるよう整形すれば顔認証を通過できますよ」とすすめることではない。しかし人々は通常、プログラマーは説明さえすれば十分に責任を果たしていると考える。

たとえ顔認証ではじかれても、ほかの方法を選ぶことができるからだ。オードリーが懸念するのは、顔認証が社会習慣として定着し、あらゆる活動に顔認証が必要な世の中になったとき、人々がほかの方法を選ぶコストがどんどん高くなることだ。手元のデバイスに合うコンセントがなく、アダプターは特定の店でしか扱っていないとしたら、生活のなかでデバイスを使うことがほぼ不可能になるのと同じように。

顔認証の問題の延長上に「人権」があると、オードリーは強調する。AIにはじかれた人に選択を迫るのではなく、どんな例外的な条件も正しく処理できるようAIを改善してこそ、人権の価値は守られる。最も恐ろしいのは、説明という体裁をとりつつ「あなたは顔認証を通過できないので、AIが認識できる顔に整形してください」というように、問題を個別に処理しようとすることだ。求められているのは人類の習慣に合わせてAIを改善することであって、人類がAIの都合に合わせることではない。

SF小説は想像を広げ、未来の世界を理解するのに力を貸してくれる。だからオードリーは、SF小説を読むときには未来を意識しながら読むことをすすめている。もちろん、何の意識も持たずにSF小説を読んでも、一時的な楽しみは得られる。だが、意識して読めば、ただ楽しいだけでなく、人類が想像する未来の社会と、そこで起こりうる状況について思考するための手がかりがたくさん見つかるはずだ。

古典作品から多様な価値観を学び、画一的な価値の枠組みを抜けだそう

オードリーの読書は幅広いジャンルにわたる。SF小説や哲学書だけでなく、幼いころから四書五経や『紅楼夢』、金庸の小説などに親しみ、物語を追うだけでなく、とことん読み込んできた。

老子も、アシモフやチャンやバンクスのようなSF作品も、そのほかの古典も、オードリーにとってはそれぞれに異なる価値があり、さまざまな世界の倫理観を教えてくれる先生だ。たとえば、老子の『道徳経』を読んで、こんなことを学んだ。「無為の治」とは決して何もしないことではない。行動するに当たって、特定の結果を得るために特定の方式をとるのではなく、物事を新たな可能性へと展開していくことを

意味する。特定の結果に落ち着くことを前提とせず、新たな可能性を広げるために一つひとつの行動をとるべきだ。

かつてオードリーは、20歳前の自分に影響を与えた二人の人物がいると語った。一人はルートヴィヒ・ウィトゲンシュタイン。自身を「ウィトゲンシュタイン信者」と称してさえいる。もう一人はアイルランドの作家ジェイムズ・ジョイスだ。

20世紀の著名な哲学者ウィトゲンシュタインの人生は、実にドラマチックだ。オーストリアの名家に生まれたウィトゲンシュタインはユダヤ人の家系で、父親は製鉄産業で財をなした大富豪だった。ケンブリッジ大学ではイギリスの著名な哲学者、バートランド・ラッセルに師事した。著書『論理哲学論考』は天才の作と評価され、ケンブリッジ大学トリニティ・カレッジの教授として迎えられた。国家に匹敵するほどの裕福な家庭に育ったが、父親から相続した莫大な遺産をすべて手放し、田舎の小学校の教師となって貧しい暮らしを送った。

オードリーがウィトゲンシュタインに出会ったのは、中学を中退してからのことだ。

当時、大学の哲学科の講義を聴講し、カント、ガダマー、ファイヤアーベント、ハイデガーなどの哲学論を学んでいた。一方で、ウィトゲンシュタインの『論理哲学論考』を読み始め、『哲学探究』『青色本』『茶色本』などを含む初期と晩年期の学説を系統的に理解していった。

ウィトゲンシュタインはこんな言葉を残している。「哲学の役割とは、ハエ取り壺に入ったハエに、出口を示してやること」

ここでいうハエ取り壺とは、旧来の哲学的思考を指す。ウィトゲンシュタインはまた、自身の論理的思考をも打ち破り続けた。

ウィトゲンシュタインの哲学思考は、プログラミング言語の世界にマッチしているとオードリーは考える。たとえば、初期のウィトゲンシュタインは、世界には言葉で語りうるもの（現実）と語りえぬもの（抽象的な概念）があるとし、語りえぬものについては沈黙し、語りうるものについては言葉を用いて明確に語るべきだとした。これは、AI技術が普及する以前、プログラマーが0と1だけのシンプルな描写で世界を表し、コンピューターに求める機能のすべてを構築させていたのと似ている。

しかし、晩年期のウィトゲンシュタインは過去の自分の論理に異を唱えた。語りえぬものにも相互作用によって意味を構築する余地があるとしたのだ。現在の人工知能も、この考え方をシミュレートしていると言える。言葉で定義する前に、共感とコミュニケーションを生み出すことが可能だ。たとえば、VR（仮想現実）は言葉による抽象的な描写を用いずとも、ユーザーをあるシーンへと直接連れていき、共感を与えることができる。もはやそこに文字は必要ない。文字により共感を構築しようとすれば、必ず不完全なものになるし、すべての人が文字で具体的に物事を描写するのが得意なわけではない。

ウィトゲンシュタインに出会ったオードリーは、『論理哲学論考』で語られる自動推論のロジックに触発され、中学時代の「科展」のための研究や、コンピュータープログラムの設計にウィトゲンシュタインの思考を数多く応用するようになった。

天才中の天才と称されたウィトゲンシュタインは、こんな言葉を残している。「天才は最高の道徳であり、すべての人たちの責務である」

同じように、人々から天才と称されるオードリーは、この言葉をどうとらえているのだろうか？「李白の『天生我材必有用（天、我が材を生ず　必ず用あり）』という言葉は、どんな人にも才能があり、天に与えられた役割で人の役に立てるのだから、決して他人を否定してはいけないという意味です。重要なのは、自分にどんな才能があるかを知る過程のなかで、その才能を役立てる道を探っていくこと。それが、ウィトゲンシュタインが語る道徳の一部です」

「才能の発見」と「貢献」とは一つの行為であるべきだとオードリーは強調する。自分の才能に気づいてから改めて、貢献できることを探すのではない。自分の才能を見つける過程のなかで、つねに社会と相互に関わり合い、自分というピースが収まるべきジグソーパズルはどこにあるか、いかにして共に社会を完成させていくかを探っていくべきなのだ。

「自分には才能があると思っていても、それだけでは意味がありません。少しでも社会に貢献し、その貢献を社会に認められてこそ、天から与えられた才能だと言えます。才能があるかないかを決めるのは自分ではないのです」

ウィトゲンシュタインの言う「責務」とは「分かち合うこと」だ。「自分は凡人とは違う」と才能を誇示し、他人を排除するのが天才ではない。才能を分かち合うことで新たな世界を見せてくれる者、自分が生み出したものを素材として他人に提供できる者、そういう者こそ天才と呼べる。

オードリーが愛読するもう一人の作家が、アイルランド人のジェイムズ・ジョイスだ。なかでも『フィネガンズ・ウェイク』がお気に入りだという。20歳のときにはこの本のためだけに、本文中からランダムにフレーズを抜き出すロボットのプログラムを書いた。毎朝、目覚めるたびに1文字を打ち込むと、ロボットが1フレーズを選び出す。「占いのように使っていました」と笑う。

ジョイスは『ダブリン市民』『若き芸術家の肖像』など、有名な作品を数多く残している。『フィネガンズ・ウェイク』は西洋文学史上最も難解な1冊とされる。文法を逸脱した複雑な表現や独自の造語などが多用され、幻想と「意識の流れ」に満ちた、とりとめのない物語が読者を惑わせる。

オードリーが『フィネガンズ・ウェイク』を愛読する理由は二つある。一つ目は、この本が特定の文化の印象を与えない点だ。たいていの小説やノンフィクションは、文章から文化背景を読み取ることができ、作者はその文化背景の枠組みのなかで思いを表現したり、物語を綴ったりする。しかし、『フィネガンズ・ウェイク』は特定の文化の脈絡をあえて断ち切っている。ごく普遍的な文化も、まだ誕生していない文化も、物語のなかにしっかりと錨《いかり》を下ろしている。だから、この本を読んだ読者は何度でも読み返したくなる。同じ言葉でも、アクセントの位置を変えれば別の言葉へと変化し、まるで万華鏡のようだ。普通の小説なら10回も読めば飽きてしまうが、『フィネガンズ・ウェイク』は何度読んでも飽きない、最高の娯楽だった。

二つ目の理由は、オードリーが翻訳、特に文学作品を翻訳するのが好きなためだ。訳者がいくら原文に忠実に訳していても、翻訳という行為は見方を変えれば訳者と作者の「共同創作」だと言える。翻訳に際し、訳者は文化の違いを考慮する。できる限りオリジナルに近づけようとする一方で、双方の文化背景の違いゆえに、自分自身の文化背景をより深く理解しなければ訳文を生み出せない。『フィネガンズ・ウェイク』は世界中でさまざまな言語に翻訳されている。中国語版と英語版を読み比べると、まったく別の本を読んでいるように思え、訳者それぞれの創造性を感じることができる。

オードリーは、人にすすめられた本はたいてい読んでいるという。今までに読んだ小説はほとんど原書で、なかに詩が出てくると自分で訳してみる。そうすることで、筆者とより深く対話できるように感じるという。詩を読むことや書くことも、オードリーの趣味の一つだ。詩を読んだり書いたりした経験があれば、プログラムを書くのに役立つという。プログラミングの能力は、その人の言語能力によって決まる。詩とは、形式とイメージからなる表現方式であり、最も洗練された文字表現だ。少ない言葉で多くの意味を表現するという点で、プログラミング言語と共通していると考える。

詩には二つの特徴がある。一つは短い言葉で多くの意味を表現する力。もう一つは名づける力。詩につけられる題はとても洗練されている。人が一度に読み取れる記号の数には限りがある。どんなにトレーニングを積んでも、ワーキングメモリをそれ以上に増やすことは難しい。人のワーキングメモリに一度で多くの概念を書き込めるか否かは、その概念の抽象度の高さと、概念の相互作用によって決まる。優れた抽象概念を選べば、処理すべき複雑なシステムの性質を短い言葉で完璧に伝えることができる。その能力がなければ、その性質をとらえるために長大な文章が必要になる。

プログラミングも同様に、私たちのワーキングメモリによるところが大きい。長大な文章はとても覚えきれないし、プログラムの規模にも限りがある。別の誰かとの共同作業なら、自分の意図するところを相手に伝え、共通認識に至るまでに多大なコストを要する。しかし、詩を書いた経験があれば、プログラムを書く際にも有効利用できる。たとえば、詩の題を考えるつもりでプログラム内のコードに名前をつければ、相手に自分の思考状態を理解してもらいやすくなる。

オードリーは詩を読んできたことで、プログラムを書く際にも複雑な意味をより簡潔に表現できるようになった。子どものころから異なるジャンルの古典を読み、さまざまな価値観に触れてきたことで、いろいろな観点から物事を見る方法を学んだ。

「ある事柄が、いいことなのか、悪いことなのか。絶対に正しい観点というものはありません。すべて、あなたの価値観次第なのです」

オードリーにとって、金庸の小説のなかで最も印象深いのは『倚天屠龍記《いてんとりゅうき》』（徳間文庫）のある一場面だという。武当派《ぶとうは》の開祖である張三豊《ちょう・さんぽう》が、1年半の修行を経て生み出した太極剣法を張無忌《ちょう・むき》に伝授しようとした際、敵である方東白《ほう・とうはく》は、技を盗み見る機会を自ら回避しようとした。張三豊は方東白に言う。「わしの剣法は完成したばかりで、使いものになるかどうか、まだわからぬ。剣術の名人である閣下に見ていただいて、技に欠点があれば指摘していただきたい」

張三豊の思考は、幼いころのオードリーに大きな影響を与えたという。小説に出てくる武術の大家たちの誰もが必死で隠そうとする武術の極意を、張三豊はおおっぴらに披露し、相手が敵であっても喜んで分かち合おうとする。敵に技を盗まれることなどまったく恐れていない。極意を知る者が多いほど、それを役立てる者も増えるからだ。

勝ち負けを競うより分かち合うことを重視するオープンイノベーション的思考は、その後のオードリーがあらゆる場面で「共創」を強調する根拠になっている。

多様な価値観を育むことには、どんな状況に直面しようと、柔軟に対応できるようになるというメリットがある。一つの価値観にとらわれ、「この考えが絶対に正しい」と思い込むことがなくなるからだ。「世界にはこれほど多様な価値観があると知れば、むしろ安心できます。もし、世の中に正しい価値観がたった一つしかなかったら、その枠内では対応しきれないことが必ず出てくるでしょうから」

才能を分かち合うことで新たな世界を見せてくれる者、自分が生み出したものを素材として他人に提供できる者、そういう者こそ天才と呼べる。

第3章

競争から共好《ゴンハオ》へ

共に仕事をし、互いに成果を得る

アイデアを公開し、価値を広める。この世界を去るとき、来たときよりも
世界がよくなっていたら、それだけで人生には意味がある。

分け合っても価値は消えない

2020年、世界中を襲った新型コロナウイルスのパンデミックが台湾へ到達する。同年6月、台湾全土で感染状況が悪化し、警戒レベルは第3級に引き上げられた。日夜、街中で救急車のサイレンが鳴り響き、人々は初めて死の影が迫っていることを実感した。

先天性の心臓病を患っていたオードリーは、幼いころから死と隣り合わせで生きてきた。12歳で心臓の手術を受け、健康な体を手に入れたとはいえ、4歳から12歳まで10年近くの間、「明日は目が覚めないかもしれない」と思いながら眠りについたことは、人格形成に大きく影響した。

幼いころのオードリーを家族は献身的に世話した。明日を迎えられるように、欠かさず薬を飲ませた。また、たくさんの思い出を残すことにも労を惜しまなかった。当時、オードリーの世話をしていた祖母は、オードリーが歌ったりしゃべったりする声をたびたび録音した。医者が言うように、手術を待たずに死んでしまうかもしれないのなら、せめて一緒に過ごした数年の記録を残しておきたかったのだ。

早くから死を意識していたオードリーは、どんなアイデアもすぐに共有しようとするようになった。もし明日、自分が死んでしまったら、頭のなかにしまっておいたアイデアも消えてしまうからだ。タイミングを逃すことを恐れるあまり、「今日のことは今日終わらせる」という習慣ができた。「考えたことを吐き出してしまえば、もう怖くはありません。安心して眠れます」

死を意識したことのない人は、「考えが明確に整理されてから人に話そう」と思いがちだ。これにはプライドの問題もあるだろう。まだ下書きのような段階の、まとまりきっていない思考を人に話せば、相手の時間を無駄にしてしまうように感じる。

パンデミックは人々に死への危機感を抱かせただけではなかった。これまで積み上げてきたものには本当に価値があったのか、それを分け合ってこそ価値が生まれるのではないかと、多くの人々が考えるきっかけにもなった。たとえ明日、自分が消えても、積み上げてきたものをみんなで分かち合ってくれたら悔いは残らない。

アイデアを公開し、価値を広める

今、分け合わなければ、明日にはその機会が失われるかもしれない。分け合わないことこそが損失だ。オードリーは幼いころからそれを知っていた。この「分け合っても損はない」という考え方は、中学でホームスクーリングを始めてからますます強くなっていった。ネットコミュニティで触れ合う人々は、毎日それぞれ何かしらの価値を提供し合い、「共好《ゴンハオ》」〔訳注：ネイティブアメリカンの言葉で「共同で仕事をする」という意味を持つ「Gung Ho」を中国語に音訳したもの〕の状態を作り上げていた。

知識や知恵の共有だけでなく、クリエイティブ・コモンズ〔訳注：クリエイターが一定の条件下で作品の自由な使用を許可したことを示すライセンス〕などのプロジェクトも、より多くの人が関与することで、より多くの価値を生み出すことができる。

インターネットには時間と空間の制限を受けないという利点がある。新しいアイデアが湧いたときにはタイムゾーンにかかわらず、自分の都合のいい時間にいつでもネットにつながり、ほかの人たちが残した記録を見ることができる。毎日、みんなで共に生み出した価値が少しずつ蓄積されていく。それが「ウィキペディア」〔訳注：ブラウザから誰でも編集が可能なウェブサイトを作成するシステム〕の精神だ。現実の伝言板ではこうはいかない。伝言を残すには特定の場所へ行く必要があり、別の誰かの考えをコピー&ペーストすることもできない。

下書き状態の思考や、ごく一部しか進んでいない作業でも、自分では処理しきれない、あるいは自分が処理するには適さないと感じたとき、オードリーはその理由を書き添えてプラットフォームでみんなに公開し、適した人に処理してもらう。たとえ明日、自分がこの世から消えても、考えたことは無駄にはならない。自分のアイデアはすでにプラットフォームに公開され、その価値は広く拡散されているからだ。

未来の社会において、「共創」が最も重要な価値となる理由とは何だろうか？　これにはオードリーが若いころにたずさわった仕事の経験と、二度の「世界ツアー」が影響している。若き日の経験が未来の仕事観を形作ったのだ。

PART 2

私はこう仕事する

── 垣根を越えた協力

第4章

人生で二度の「世界ツアー」

開放せよ、世界のすべてはあなたのもの

人生で二度の「世界ツアー」に出る前、オードリーは「自分だけが特定の技術を持っている場合、それをどのように運用すべきか」という考え方をしていた。二度の世界周遊を経て、この世界はすでに「クローズド」の時代から「オープン」の時代へと変わっていることに気がつく。

共好《ゴンハオ》：好奇心と探究心を持ち、世界で学ぶ

オードリーの「職歴」は、一般の人より少し早く始まっている。15歳で起業、16歳で企業の共同経営者となり、その後は国内外の有名企業に勤務。20歳から在宅でリモートワークを始め、30歳から公共部門での仕事を開始する。起業も経営者としての実務も経験してきたが、仕事のなかでしばしば見せる革新的な思考と手法は、それまでの幅広い読書経験や独特の学習法、さらには豊富な職場経験なしには生まれなかったものだ。

オードリーは10代と20代の二度、世界周遊の旅を経験している。中年になり、仕事に嫌気がさして長い旅に出る人は少なくないが、彼女の旅はそれとは違う。あふれる好奇心と探究心を原動力に世界各地を巡る、学びの旅だった。台湾を出発して、一時期アメリカのシリコンバレーに滞在。それから世界の20都市を巡る旅をするなかで、未来の働き方を知ることになる。

14歳で中学を中退後、独学のかたわら起業した出版社から、仲間たちと共に執筆した『我的電脳探索（私のコンピューター探索）』という書籍を出版した。その後、書籍の売り上げを伸ばすためには販売サイトをより使いやすく設計し直す必要があると考え、出版社のサイト管理を手がけるようになる。

1990年代、「サイト管理者」という仕事はほとんど知られていなかった。これまで存在しなかったまったく新しい概念だったからだ。しかし、新しい仕事であるがゆえに比較的自由で、「下積みから始める」といった旧来のやり方を踏襲する必要がなかった。出版社には昔から、まず「担当編集者」を経験してから「編集長」になるというお決まりのコースがあった。オードリーは自分の著作を検索しやすくするため、「捜尋快手（Fusion Search）」という検索ソフトを開発する。このソフトウェアが商品化され量産されるようになると、会社のテクニカルディレクターとなって株を保有する。旧来の出世コースを通ることなく、まったく新たな部門を直接、管理下に置くこととなった。

旧来のトップダウン型の指揮系統を経験していないため、仕事に対し「みんなの力を集めて、一緒によりよいアイデアを生み出す。そのアイデアを通じて、よりたくさんの人に知ってもらう」というイメージを持っていた。しかし、当時まだ16歳で、一介のソフトウェア開発者にすぎないオードリーは、マーケティングを理解していなかった。優れたソフトウェアが完成しても、どう商品化し、どう販売するか、どんな投資家と商談し、事業を展開するべきか、何も知らなかったのだ。

会社の規模が小さかったこともあり、社員が商談に出かける際にはオードリーもよく同席し、技術面の話になるとその場で説明していた。だからゼロからスタートした起業が少しずつ大きくなっていく過程は理解していた。しかし、スタートアップ企業とはクリエイティブなアイデアのもとに集まった人々が作るものであり、成長していく過程で意見の不一致が生じるケースは少なくない。

「あのころ、最大の争点は外部からの大口投資を受けるべきかどうかという問題でした」

当時、会社はインテルをはじめとする多くの企業から出資の申し出を受けていて、前途は明るいと誰もが思っていた。しかし、オードリーの考えは違った。大企業の出資を受ければ短期間で高いＰＥＲ（株価収益率）を求められ、達成のためには高リスクの事業にも手を出さざるを得なくなると考えたのだ。

起業したばかりの会社でも資本金が支えとなり、はじめから多額の損失を出すことは考えにくい。単に投資資本の回収を目指すのではなく、自分たちの理念に共感し、支持してくれる出資者を探すべきだ。ＩＰＯ（新規株式公開）をするよりは、自分たちと同じ商品理念を持つ会社を見つけて合併し、より大きなグループとなってみんなで一緒に会社を守っていくほうがいい。

これは、一般的なスタートアップ企業の考えとは一線を画する。スタートアップ企業は通常、失敗も成功もスピードを重視する。成功すればＲＯＩ（投資利益率）は高くなる。毎年、細々と儲けられれば十分だとは考えない。しかしオードリーは、短期間で高収益を挙げることより、永続的に技術開発を続けることに魅力を感じた。伝統的な中小企業のように、まずは経営の安定を目指すべきだと考えたのだ。この意見はほかの株主たちとは相容れず、最終的に会社を離れることとなった。

この「資訊人文化事業公司《ズーシュンレン》（The Informationist）」は、オードリーが去ってからわずか数年で社員200人を抱える企業へと成長、営業収入も数百万ドルを超えるまでになるが、その後2001年に営業を終了した。「事業の成否だけで英雄を選ぶことはできません。みんながそれぞれ別の道を選んだというだけの話です」

多額の海外資金を得た仲間たちは、その後、続々と新しい事業にチャレンジしている。オークションサイト「クールビッド（CoolBid）」や、インスタントメッセージのプラットフォーム「ＣＩＣＱ」などがそうだ。

あなたが出資者なら、会社が廃業すれば元手を失ったと感じるだろう。しかし、あなたが業界人なら、決して悪いことではないと感じるかもしれない。短い間でも、豊富な資金をもとにさまざまな手法が試され、クリエイティブな人材を業界に呼び込むことができたのだから。ＣＩＣＱを作った高嘉良《ガオ・ジアリャン》は、その後の台湾ＩＴ業界に多大な貢献をしている。

会社を離れたオードリーは、国立政治大学で授業を聴講するかたわら、ＩＴ企業「明碁電脳《ミンチーディエンナオ》」で非専任の顧問を務めた。オープンソース運動に参加し始めたのもこのころだ。

1997年、コミュニティの仲間と共に、フリーソフトウェアのビジネスの立ち上げに着手する。ただ、そのやり方を知る者が台湾にはほとんどいなかったため、シリコンバレーへ行って学ぶことを決意する。「自分だけが特定の技術を持っている場合、他国ではそれをどのように運用しているか知りたい」と考えたからだ。これが初めての「世界ツアー」となる。16歳のとき、アメリカの西海岸へ向かい、シリコンバレーのスタートアップ企業のビジネスモデルを学び、フリーソフトウェア運動に参加するエンジニアやコミュニティとの出会いを果たす。このフリーソフトウェア運動が、やがてオープンソース運動へとつながっていく。

台湾へ戻ったオードリーは、明碁電脳の社内で「傲爾網《アオアルワン》」という社員五人の小さな会社を立ち上げる。オープンソースをもとに、顧客の需要に応じたソフトウェアを提案するサービスのほか、コンサルティングや技術指導なども手がける社内ベンチャーだ。開業してまもなく受注した最大の案件は、台湾の中央研究院のもの。オープンソースによるフリーソフトウェアのファウンドリ（受託生産会社）としての仕事だった。

クリエイティブ・コモンズのプロジェクトとの関わりも深まることになる。この過程で最も面白いと感じたのは、政府がいわゆる「重点産業」を発展させようとする際、株主の利益を最優先する民間企業とは違い、人民の福祉の最大化を目的とするという点だった。この経験をきっかけに、オードリーの仕事観は大きく変わっていく。

一方で、仕事のかたわらプログラミング言語「パール」の世界的なコミュニティに参加し、積極的に開発を進めていた。２００５年、24歳のとき、パールの開発や普及のための「グランド・ツアー」計画を実行。世界中を巡って各地のＩＴ専門家たちと交流し、意見を交わした。

これはオードリーにとって二度目の「世界ツアー」となった。台湾から日本、オーストリア、イスラエル、エストニアと、2年近くをかけて世界20都市を回った。世界各地での生活はさぞ変化に富んでいたことだろうと想像するが、オードリーは「ひたすらテーブルクロスを換えるだけのような生活だった」と自嘲気味に語る。各地の生活スタイルに溶け込む暇はなかったという。

このときとった旅の手法は「ランダム方式」。最初に訪ねたのはネット上で知り合った日本のプログラマーだ。家に泊めてもらって専門分野について指導を仰ぎ、情報交換をしたら、次は彼が紹介してくれた知人を訪ねる。オードリーの学びの旅はこうして続いていった。

毎日のようにパールの研究仲間たちと交流し、現地の研究会に参加した。旅の間はひたすら研究に没頭した。研究をどの段階まで進められるか、誰に仕事を引き継ぐべきか、そればかり考えていた。この「世界ツアー」もまた、働くことに対する新たな視点を与えてくれた。

ネットワーク時代に知識の独占は不可能、答えは必ず共有される

同じ職場に集まって仕事を分担するというのが、これまでの仕事のやり方だった。今、世界はネットワークの時代を迎えている。オードリーは、「世界ツアー」で出会った仲間たちをたまたま別々の土地、タイムゾーンの異なる国で暮らしているだけ

の同族のように感じていた。行けば必ず一族の仲間に出会えるのだから、知らない土地を訪ねることは少しも怖くなかった。

「ハッカー」と「オープンイノベーション」の文化を身をもって体験したオードリーは、どんな土地へ行ってもすぐになじめるようになった。生活習慣がどれだけ違っても、同族なのだから心配する必要はない。最初の「世界ツアー」は1900年代、ネットワークバブルが始まる前。二度目は2000年代。それぞれまったく異なる気づきを与えてくれた。

最初の旅に出たのはわずか16歳のとき。1990年代も末のことだった。シリコンバレーでは、誰もが互いの持つ技術について「どんな特許を申請したか」「特許の障壁は何か」と尋ね、自身の専門技術を守ろうとしていた。それから8年後の2005年、再び世界を巡ったとき、もはや誰もが特許の障壁にとらわれず、仕事の未来を見つめていた。それが「共創」と「共有」だ。

それまでは、情報科学の世界にはさまざまな流派があり、みんながそのトップの座を狙っているようなイメージを抱いていた。だが、世界中で出会った人たちの行いは、想像とはまったく違っていた。世界各地のプログラマーたちはそれぞれ異なるプログラミング言語の専門家だ。しかし、まったく新しい言語を研究するオードリーに、彼らは自分の研究内容を惜しげもなく公開してくれた。この世界はすでに「クローズド」の時代から、「オープン」の時代へと変わっていることに気がついた。

「学術界には『Publish or Perish（公開せよ、さもなくば滅びよ）』という言葉がありま す。研究の成果を発表しなければ、学術界で評価を得ることはないという意味です」

とはいえ、学術界は依然として狭き門だ。学術界に認められた者にしか、そこに貢献する機会は与えられない。雑誌で論文を発表するためには、まずどこかの学校に入学しなければならない。だが、オードリーが身を置くオープンソースの世界は違う。どこの組織にも属さないまったく無名の人でも、貢献さえすれば認めてもらえる。

エストニアの首都タリンを訪れたとき、現地のプログラマーがプログラム言語ハスケル（Haskell）の次のバージョンを作っている最中だった。多言語の処理に精通するオードリーは非常に興味を持ち、すぐにあるアイデアを出した。驚いたのは、ハスケルの新バージョンが出た際、アイデアを出しただけのオードリーの名が共同標準制定者の一人として挙げられていたことだ。

それを知ったオードリーはとても驚いた。自分はどこの組織にも属しておらず、人より時間に余裕がある分、多様な考え方ができるから、その個人としての考えを提供したにすぎない。ハスケルの委員会に名を連ねていたのは、どこかの教授や主席研究員ばかりで、所属する大学や企業の名がないのは自分だけだった。

この出来事はオードリーに深い影響を与えた。**自ら進んで分け合うだけで、流派や学閥の概念を軽々と打ち破ることができる。みんなが集まって一つの仕事をすることで、より多くの価値を創造できる。**

ネットワーク時代には、自分が得た知識を誰とも共有せず秘密にしたところで、独り占めすることは不可能だ。世界のどこかで誰かが必ず同じ問題に直面している。たとえ自分が黙っていても、いずれ別の誰かが解決方法を見つけて共有するだろう。

世界はすでに「クローズド」の時代から、「オープン」の時代へと変わっている。

「技術を持つ者」から「与える者」へ

かつてのオードリーは「自分だけが特定の技術を持っている場合、それをどのように運用すべきか」と考えていた。「世界ツアー」を経験したことで、この考え方は一変する。自分の技術を特許で囲い込もうという考えを捨てたのだ。

初めてシリコンバレーを訪れたときには、誰もが互いに「どんな特許を申請したか」「特許の障壁は何か」を気にしていた。だが時が経つにつれ、「どうすれば互いの要求に応じられるか」にみんなの関心が移っていった。特許取得を第一に考えていると、自分の技術を共有し、役立てることを嫌がるようになる。そこでオードリーも、技術や特許ばかりに目を向けるのではなく、仲間が何を求めているのかを考えるようにした。たとえば、コミュニティ内ですでに80パーセントから90パーセントのレベルまで完成している技術があり、自分がその技術に対する知識を持っている場合、足りない20パーセントから10パーセントを自ら完成させて連動させる、あるいは必要に応じて修正するだけで十分だ。

互いの専門技術を共有し、協力して仕事をするというやり方は、旧来の従属関係を打ち破るものだ。肩書きで呼び合うこともなく、同じ研究テーマのために集まって、互いに協力し合えばいい。これこそ未来の働き方だと、オードリーの目には映った。

2005年のシリコンバレーには、すでに広く定着していた文化があった。勤務時間の20パーセントを自分自身が興味のあるプロジェクトのために使うよう、社員に推奨するというものだ。誰でも自分で研究の方向性を決めることができ、上司の指示を仰ぐ必要もない。グーグルはこのルールを取り入れていることを公にしていた。インテルやアマゾン、マイクロソフトなどから講演に招かれたオードリーは、今すぐ実現可能なビジネスモデルではなく、自分が興味を持っている仕事とは無関係のプロジェクトの話をした。

オードリーにとって、シリコンバレーは紛れもない新天地だった。当時の台湾には、このような文化はほぼ存在しなかったからだ。台湾ではもともと純粋にソフトウェアだけを作るメーカーは少なく、ハードウェアの開発周期に合わせてソフトウェアを開発するのが主だったため、ソフトウェアのエンジニアも製造業的な思考から抜け出せていなかった。社員にはオフィスでの勤務を求め、上司が帰るまでは帰れない。シリコンバレーの企業のように、勤務時間の20パーセントを使って好きなことを自由に研究させるなど論外だった。

この印象深い体験を経て二度目の世界周遊から戻ったオードリーは、銀行のためにプログラムを書きながら、パール6の開発を進める。このとき、すでに彼女の仕事に対する考え方は大きな転換を遂げていた。

一つ目は、「技術を持つ者」から「与える者」への転換だ。かつてはプログラムを書くのが非常に速かったが、現在は、重要なのは結果よりも過程の共有だと考えるようになった。ブログに文章を書くときは、どんな推論に基づいてプログラムを開発しているのか、思考の道筋ができるだけわかりやすいように書く。結果、プログラムを書くスピードが落ち、生産性が低下したかに見えるが、思考と理念を明確に記してネット上に残すことで、より多くの人がオードリーの文章を参考にすることができる。

「理念を明確に語るほど、より多くの人が仲間になってくれます」

プログラムを書くのがそこまで速くない新人でも、それぞれ別の国に住んでいても、技術を共有しながら学び合い、みんなで協力して研究開発をすれば、一人でやるよりもはるかに大きな力となる。特に印象深かったのは、ソフトウェア設計者の章亦春《ジャン・イーチュン》だ。これまでパール6の開発に携わったことがなかった彼は、オードリーがネット上に発表した文章をすべて手書きで書き写した。つまり、思考の道筋を最初からたどったということだ。

「あれはとても効果的な方法でした。その後、彼は世界的なソフトウェア設計者になりました」とオードリーは語る。

理念を明確に語るほど、
より多くの人が仲間になってくれる。

共創：リモートワークがもたらした新しい職場文化

二つ目は、リモートワークへの移行。これには世界中で同じ趣味を持つ人たちと出会ったことが大きく影響した。同じテーマを研究するために集まり、互いに協力し合い、尊重し合い、邪魔をしない。これこそが、オードリーが理想とする働き方だった。

2008年、自身のブログにこう綴った。「リモートワークで働きたい。誰か雇ってくれませんか？」

すぐに、フェイスブックとソーシャルテクスト（Socialtext）の2社からオファーがあった。

ソーシャルテクストはアメリカ・カリフォルニア州の企業で、エンタープライズ・ソーシャル・ソフトウェア（ESS）の設計を手がけていた。企業内チャットルームやソーシャルコミュニティのプラットフォームを構築し、セキュリティ体制を完備したうえで情報共有や共同作業の環境を整える手助けをするのが主な業務だった。リモート勤務でもオフィス勤務でも、社員同士で作業空間を共有し、会話や情報交換ができるようにすることで専門知識の蓄積と社内コミュニケーションを促す。いわば、フェイスブックとX（旧ツイッター）とウィキペディアの機能を兼ね備えたようなソフトウェアだ。

2社はいずれもソーシャルソフトウェアを作っているという点では共通している。違うのは、フェイスブックが一般のユーザーに無料でソフトウェアを提供しているのに対し、ソーシャルテクストは有料のソフトウェアとサービスを企業に提供している点だ。オードリーがソーシャルテクストを選んだ理由は何だろうか。

「フェイスブックはすべての人が無料で利用できますが、ソーシャルテクストのツールはお金を払わなければ使えません」

しかし、無料といっても本当に無料なわけではなく、別の誰か、すなわち広告代理店がお金を払っていることは明白だ。そのなかには政治情勢に影響を与えうる企業も含まれる。フェイスブックも収益を上げなくてはいけないが、お金儲けの相手はユーザーではなく広告代理店だ。「無料」といっても言葉どおり自由に利用できるわけではなく、お金を払う者に支配権を譲り渡していることになる。その結果、より大きな代償を払うことにもなりかねない。

一方のソーシャルテクストは大企業に向け有償でソフトウェアを提供するが、企業は内部にフェイスブックやツイッターのようなソーシャルプラットフォームを構築し、それを業務プロセスの一部とすることで専門知識の蓄積をはかれる。有償であることのメリットは、顧客企業とソフトウェアメーカーとが対等な立場に立てることだ。ソフトウェアメーカーにとっては、顧客企業の情報を売り渡せば売り上げを失うだけなので、そんなことをするメリットはない。オードリーが魅力を感じたのはその点だった。

２００８年の入社から、２０１６年に入閣して政府の一員となるまで、８年間をソーシャルテクストで過ごした。このときから正式にリモートワークを開始し、台湾にいながら世界の九つのタイムゾーンで暮らす同僚たちとオンラインで仕事をした。注目すべきは、ソーシャルテクストが社員にリモートワークの環境を提供する一方で、社員もリモートワークに適した作業プログラムの開発を担っていた点だ。オードリーの言葉を借りるなら「自分で醸造した酒を自分で飲んでいた」のだ。多くの企業が、数年のパンデミックを受けてようやくリモートワークの体制を整えたが、先駆けること十数年、オードリーはソーシャルテクストでリモートワークという新しい仕事文化を体験していた。

社員一人ひとりを起業パートナーとして扱う

ソーシャルテクストに入社したばかりのころ、同社の「大人であれ」という休暇取得ルールに衝撃を受けた。「大人であれ」とは、社員に対する「休暇が少なすぎてはいけない。自分に、ひいてはみんなに悪影響を及ぼす。休暇が多すぎてもいけない。会社にも、ひいては自分にも悪影響を及ぼす」というメッセージだ。言い換えると、自分で決めること、その決定に責任を持つことを求めるものだった。オードリーがたびたび提唱する「ピグマリオン効果（期待されるほど成績が上がる現象）」〔訳注：1966年にアメリカで行われた心理実験で明らかになった現象で、ランダムに選んだ児童を「今後成績が伸びる児童」として教師に伝えると、期待をかけられたことで実際にその児童の成績が伸びたというもの〕の考え方と合致する。

社員を「起業パートナー」として扱うことで、社員もパートナーとしてのふるまいをしてくれる。部下として扱えば、社員も部下としての仕事しかしなくなるのだ。

ソーシャルテクストでは誰もが「共に起業したパートナー」であり、同僚同士の間に伝統的な上下関係は存在しない。一人ひとりに役割があり、自分で決めて、自分で責任を負う。当然、休暇の取得について批判されることはないし、業績評価も昇進もない。社員の価値はどれだけ業務に貢献したかで決まる。それぞれの業務内容は2週間ごとにすべてネット上の「カンバン」〔訳注：トヨタの生産管理方式「かんばん方式」にちなむ〕にリストとして公開され、全員が互いの仕事を確認できる。プロジェクトが進展すればリストも更新され、全員の進捗がひと目でわかる。ミーティングで聞かれることは「昨日の仕事内容」と「午前中の仕事内容」「行き詰まっている問題の有無」だけ。決して明日の予定を聞かれることはない。「カンバン」を見れば一目瞭然だからだ。ミーティングでは互いの仕事の進捗状況と、手助けが必要かどうかを確認するだけだ。

2週間ごとの開発タームが終わると、全員でオンラインミーティングを開いてプロジェクトを振り返る。それぞれが貢献した点と失敗した点を確認し、ブラウザ上で複数人が同時にテキストを編集できる共同編集ツールに書き込んだら、その内容をもとに全員で話し合う。討論のテーマは誰かの昇給ではなく、2週間で犯したミスを洗い出し、次は同じミスを繰り返さないこと、うまくいった方法は制度化して次に生かすこと、それだけだ。

九つのタイムゾーンで暮らす同僚たちで一つのプロジェクトを進めるのは困難そうにみえるかもしれないが、それぞれが対応可能な時間帯を明確にしておくだけで解決できた。ミーティングに参加できる時間を掲示板に残しておけば、同僚たちは何か問題が起きたときにはその時間に連絡をすればいいことがわかる。パンデミックを経てビデオ会議などのツールが充実している現在とは違い、当時のリモートワーク環境では、まだブロードバンドも普及していなかったため、テキストのみのやりとりが大半だった。

「テキストでのやりとりは気楽でいい」とオードリーは言う。ビデオ会議の場合、身なりを整えるためにそれなりの時間をとられてしまう。また、当時は現在のように、簡単なコードと説明を書いてエンターキーを押すだけでプログラムを完成させてくれるコパイロット（Copilot）〔訳注：マイクロソフトの生成ＡＩサービス〕も存在せず、リレー方式の共同作業により、みんなで協力してプロジェクトを完成させるしか方法がなかった。

「自分で醸造した酒を自分で飲む」

オードリーがソーシャルテクストで働いていたころは、多くの同僚たちがリモートワークをしていて、そのためのツールの開発も盛んに行われた。その結果、明らかになったのはリモートワークにおいては「孤独」こそが最大の課題であり、ツールの問題は容易に解決できるということだ。彼らのツールは「現実の共有」という課題の解決方法を示した。みんなが同時刻にオンライン上に集まる感覚は、一緒にワインを開けて祝杯を挙げることや、食卓を共にすることに似ている。同じ空間にいなくても、テキストやほかの方法を通じて思いを共有すれば、それぞれのタイムゾーンでの生活に戻っても孤独を感じることはない。

リモートワークでつながった同僚たちのほかにも、オードリーには複数のネットコミュニティに友人がいた。そこにはつねに誰かがいて、ログインするだけで共同作業ができた。時折、特に用はなくても、g0v（ガヴゼロ）のスラック（Slack）をのぞいてコミュニケーションをとる。バーチャルオフィス「ギャザータウン（Gather Town）」に集うこともある。ギャザータウンでは自分のアバターでオフィス内を移動して同僚とおしゃべりをしたり、バーチャル空間で大型イベントを開催したりすることができる。いつでも、誰でも参加が可能だ。

日常生活とも仕事とも別の「第三の居場所」では、おしゃべりも、一緒にゲームやエンタメを楽しむことも、すべてオンライン上で空間を共有できるため、リモートワークによる孤独感がやわらぐ。しかも、こうしたコミュニティでの活動には時間の制限が少なく、いつでも好きなときに参加してコミュニケーションをとることができる。一人でゲームをしている感覚とは少し違う。ゲームの場合、スイッチを切ればすべて消えてしまうからだ。

共感：ツールを活用しながら、ワークフローを確立して共同空間を作る

ソーシャルテクストで働いていた8年間、オードリーは同時にアップルの顧問として音声アシスタント、シリ（Siri）の開発に携わった。この時期、新しいテクノロジー製品が次々と登場し、世界中の労働環境に新たな変化が生まれた。

２００８年、３G携帯が登場し、モバイル通信の普及が進む。２０１０年、インスタグラム（Instagram）がサービスを開始。２０１２年、ライン（LINE）などのソーシャルプラットフォームが世界中に広がる。２０１５年、ライブ配信ブームとシェアリングエコノミーの隆盛が始まる。さまざまなコミュニケーションツールが普及したことで、世界の労働環境は大きく変化した。

シリコンバレーのソフトウェアメーカーであるソーシャルテクストの顧客の多くが、「フォーチュン500」に選ばれるような大企業だった。当時、これらの大企業が頭を悩ませていたのは、ベテランで管理能力の高い社員や役員たちが退職したとき、次世代の若い社員たちにワークフローは引き継げても、企業文化までは継承できないという問題だった。若い世代は管理職になることを嫌がり、昇進しても仕事が大変になるだけだと上昇志向を失っていた。創業時から大事にしてきた価値観や信念は、ともすれば傲慢な企業文化ととらえられ、社員の世代交代が進むにつれてだんだんと軽視されるようになっていた。

専門知識は企業の命綱なので、老舗の企業ほど特定の社員に集中させる傾向にある。そのため、社員が転職や定年で職場を離れると専門知識も失われる。後任者は、前任者が蓄積してきた専門知識をもとに知識や文化を学ぶことができなくなってしまう。これは多くの大企業のCEOたちが最も懸念する問題でもある。今の若い世代が失いつつある仕事への情熱を持ち続けたからこそ、彼らはCEOになったのだから。この問題を解決するため、ソーシャルテクスト時代のオードリーが提唱したのは「In the flow of work（ワークフローに組み込む）」の理念だ。

その目的は既存の習慣やワークフローを変えることではなく、共同で仕事をする空間を作ることにある。社員はビデオやそのほかの方式で、企業文化や専門知識を共同空間に蓄積していき、一人ひとりの貢献をより多くの人に見せる。あとから入社した新しい社員も、ほかの社員の仕事を邪魔することなく企業文化を受け継ぎ、溶け込むことができる。

仕事を始めたばかりの社員はたいてい主体性が高く、意欲もある。重要なのはいかに彼らを管理するかではない。彼らの主体性や意欲が組織のなかですり減ってしまわないよういかに管理職を管理するかだ。

管理職を嫌がる社員を持つ企業は、ワークフローを共有するオープン空間を構築し、ソフトやハードの力を借りて企業が重要視する文化を実現していけばよい。管理職は部下たちの仕事の進捗に目を光らせたり、部下の問題を解決したりするために時間を割く必要がなくなる。

2008年のオードリーが成し遂げたかった目標とは何だったのか。当時のソーシャルテクストでは人と人とが共感し合い、協力し合うためのツールを開発していた。その目的は、組織のなかでこうしたツールを導入する権限がある人だけでなく、すべての人にサービスを提供することだった。ただし、本当に「すべての人」が自分の意思で使えるオープンな空間であることが重要で、使用料をとったり、無料で使える代わりに広告代理店などから収入を得たりするものであってはいけない。オードリーがソーシャルテクストに入ったのはこれが最大の理由であり、少なくとも彼女にはそうした社内ツールを作る技術があった。

しかし、現在のオードリーの考えは違っている。テクノロジーやツールは社会に必要なインフラだが、人々に「整備されたからには使わなくてはいけない」ではなく、「こちらのやり方のほうがいい」と感じてもらうべきだと考えるようになった。人々にイノベーティブな空間を提供するための協力ツールを研究するよりも、まずは枠組みを超えた協力の重要性を実感し、理解してもらうことに尽力するべきだ。さらに広い視点で見ると、私たちが直面している構造的でグローバルな問題も、主権や組織の壁にとらわれた思考のせいで行き詰まっているのかもしれない。組織や部門の枠組みを飛び越えて対応すれば、解決手段が見つかる可能性はある。

「これは理想というより、私自身が経験した事実と体感した兆候なのです」

惰性的な思考によって物事が行き詰まったままにしておくべきではない。特に、未来への恐怖や拒絶に満ち、誰も幸せにしない状態を放置してはいけない。

そのことをみんなに気づかせるために、オードリーは努力を続けてきた。より幅広く、問題解決の可能性がより高い協力手段を提供したい。それが万能薬のようにすべてを解決してくれるわけではないが、少しでも時代を前へ進め、クリエイティブな思考へと導いてくれると信じているからだ。

これは、オードリーが2016年に入閣し、デジタル担当の政務委員〔訳注：2024年4月に退任〕として働き始めてから試験的に導入した、新たな業務管理の手法でもある。日々重要な政務に追われる政府において、効率的に業務を進めるためだ。

第5章

時間の主人になる

自分の人生の主導権を握る

オードリーの1日の過ごし方を知れば、政務で多忙な日々のなかで効率よく仕事をこなしつつ、生活の質の向上や自らの学びのための時間をいかに生み出しているかがよくわかる。

新しいサービスを活用して時間を節約

2020年、オードリーが「ポモドーロ・テクニック」で時間を管理していることがメディアで報じられると、社会はこの話題でもちきりになった。多くの人がその効能を知るとともに、オードリーも改めてよさを認識した。スマートな時間管理術は明晰な思考の末にたどり着いた方法であるだけでなく、仕事に縛られず、自分の人生の主導権を握るためのカギでもあるのだ。

デジタルの世界に精通したオードリーにとって、業務効率を向上させる方法はいくらでもあり、「ポモドーロ・テクニック」は数ある時間管理術のうちの一つにすぎない。オードリーの1日の過ごし方を知れば、政務で多忙な日々のなかで効率よく仕事をこなしつつ、生活の質の向上や自らの学びのための時間をいかに生み出しているかがよくわかる。

リモートワークをしていたころ、異なるタイムゾーンの同僚たちとオンラインで仕事をするため、眠りにつくのはいつも明け方だった。だが、彼女は通常8時間の睡眠を必要とする。政務委員になってからは毎朝9時に出勤しなくてはいけない。オードリーは1日の時間を次のように配分している。

「毎朝7時前後に目覚めますが、すぐにはベッドを出ません。昨夜の夢で見た新しい考え方やアイデアを忘れないうちに書きとめます。書き終えたらベッドを出て、朝食を食べ、昼食用の弁当を用意して出かけます」

オードリーの時間管理は仕事や睡眠だけにとどまらない。毎日の弁当に使う食材の購入も専門業者にアウトソーシングすることで、自分の時間を自分でコントロールできるよう努めている。

弁当の準備にはほとんど時間をかけない。せいぜい10分もあれば終わる。2021年はじめ、オードリーのオフィスで取引企業の説明会が開かれた。それぞれのチームがクリエイティブなアイデアを発表するなか、目を引いたのは「享厨好食《シオンチューハオシー》」というスタートアップ企業のサービスだった。栄養士が1日3食の食事プランを立ててくれるというもので、時間の節約と食生活の改善が期待できる。

オードリーが享厨好食に食材を発注すると、毎週、希望のメニューに応じ、洗ってカットした食材を自宅に配送してくれる。届いた食材を冷蔵庫に入れておくだけでいい。朝起きて、その日の弁当に使う食材を開封して鍋に入れたら、10分かからずに完成する。最近では弁当作りにかける時間を3分以内に抑えている。「最近は混ぜるだけのメニューにしているので、ますます短時間になりました。2分か3分あれば十分です」

オードリーに言わせると、飾り切りや特別な盛りつけが必要な場合を除き、食材を切るのが自分でもほかの人でもたいした違いはない。食材の準備に自分の時間を費やす必要はないのだ。機械的な作業は専門業者に外注し、調味料の配合や食材同士の組み合わせといったクリエイティブな部分は、調理する人が自由に決めればいい。

料理は健康法であり、リラックス法

ここ数年、フードデリバリーサービスが急速に成長し、より手軽においしい料理を食べられるようになった。しかし「デリバリーでは遅いのです」とオードリーは言う。彼女にとっては、いつでもどこでも、食べたいと思ったときにすぐに作って食べられることが大事。思ってから食べるまでの時間はとにかく短くなければいけない。専門の栄養士が下ごしらえした食材があれば、食べたいと思った瞬間にすぐ冷蔵庫から出して調理できるため、デリバリーを待つよりも早い。

「食材の準備がすんでいれば、料理の時間は短縮できます。健康な生活習慣作りにも役立つと思います」

仕事で疲れているからとデリバリーを頼む人は多い。ＳＮＳでおいしそうな料理の投稿を見ると、つい揚げ物を頼んでしまう。こういう生活は気づかないうちに体に大きな負担をかける。栄養士が選んだ食材を届けてくれたら、栄養不足や食べすぎの心配はなくなり、メンタルにもいい影響が出る。

食材を外注することは、時間の節約と健康のほかにもメリットがある。**帰宅してから自分で食事の準備をすることで仕事の緊張感から解放され、リラックスできるのだ。かつては音楽を聴いたり、ネットにコメントを書いたりするのが最高のリラックス法だったが、料理することで緊張がほぐれるのを実感してから新たな習慣になった。**

時間に支配されないための
ポモドーロ・テクニック

朝、弁当を作ったあと、オードリーはどのように1日の仕事をこなしているのだろうか？　まず、出勤前にLINEを確認し、退勤後にもう一度確認する。しかし、勤務中は決してLINEを見ない。LINEでもワッツアップ（WhatsApp）でも、多くの人は深く考えずにメッセージを送り合い、互いの注意力を奪いつつ文字の入力に多くの時間を費やす。

文字を打ちながら文章を考え、さらにリアルタイムでの返信を求められる状況では集中力が削がれ、一つの物事を効率よく処理することが困難になる。だから1日に2回しかLINEを開かない。自分に伝えたいことがある人には、じっくり考えてから伝えてもらうようにすることで、自分の時間を浪費せずにすむからだ。

仕事を始める前に、ポモドーロ・テクニックに基づき、1日の仕事の時間をいくつかの「ポモドーロ」〔訳注：イタリア語で「トマト」の意〕に分けて業務の計画を立てる。ポモドーロ・テクニックは1987年、当時大学生だったフランチェスコ・シリロによって考案された。あるとき試験準備のため本を3冊も読まなくてはならないのに、集中力が続かず、どうしても気が散って1章すら読み終えることができなかった。そこでシリロは台所にあったトマト型のキッチンタイマーを10分にセットすると、その時間内は読書に集中し、ほかのことはしないと決めた。この方法は予想外に効果を発揮し、彼は無事に試験をパスすることができた。その後、何度も実験を繰り返した結果、「25分間の作業＋5分間の休憩」が最も効率的な配分であることを発見する。彼はこの時間管理術を広める活動を始め、2006年には著書を出版している。

このシンプルな時間管理術はまたたく間に世界中を席巻した。多くの人々がこのテクニックを実践し、『ニューヨーク・タイムズ』紙でも紹介された。これはシリロ本人もまったく予想していなかったことだ。さまざまなテクノロジーやツールに囲まれた現代人は、日夜を問わず大量の情報を浴びせられ、一つの作業に集中することさえ難しくなっているのだとシリロは気づいた。

ポモドーロ・テクニックが広く受け入れられたのは、25分という時間設定が長すぎず短すぎず、集中して作業するのに最適だからだ。この間は外から情報が入っても、ほかにやるべきことを思い出しても、決して手を出さない。25分のアラームが鳴ってから処理しても手遅れになることはまずないからだ。世界中で話題になったポモドーロ・テクニックだが、実は当時の台湾ではあまり関心を集めなかった。２０２０年にパンデミックが起き、世界中でリモートワークが盛んになったころ、ベテランのリモートワーカーであるオードリーがこのテクニックを活用していることをメディアが報じて、初めて注目を集めるようになった。

タイマーをかけた25分間、オードリーは一つの仕事に集中する。メールは見ないし、スマホの通知や着信にうっかり反応してしまわないよう通知音を切っておく。25分後、一つの「ポモドーロ」が終わったら5分間の休憩とし、この間にメールを確認して返信する。5分間の休憩後、再びタイマーをセットして次の「ポモドーロ」を始める。

このテクニックのよさは、一つの「ポモドーロ」の時間が長すぎない点だ。25分間、メールに返信しなくても相手に失礼にはあたらない。目的はとにかく集中して仕事をすることなので、25分間は決して手を止めてはいけない。しかし、突然の地震など予測できない事態が起こって仕事が中断したときはタイマーを止めて、次の25分に回す。今日は七つの「ポモドーロ」をこなす予定だったとして、四つ目の仕事が中断されたら、五つ目の「ポモドーロ」を四つ目とカウントする。

5分間の休憩時間に、LINEではなくメールを確認するのはなぜだろうか？メールは1行書くごとに送信ボタンを押すのではなく、一段落のまとまった文章になって送られてくる。オードリーは25分間の仕事のあと、5分間でメールに返信する。きちんと整理して書かれたメールの文章を読めば、2分以内に処理が可能かどうか瞬時に判断できる。可能なものはすぐに処理し、不可能なものは適任者を探してメールを転送し、対応を任せる。だから、短い時間でほとんどのメールに返信できるのだ。

午後7時までの勤務時間内にすべてのメールに目を通すが、退勤後は自分の時間として一切メールを見ない。これがオードリーの1日の過ごし方だ。自分の時間を自分でコントロールし、時間に振り回されない。できる限り効率的に「今日の仕事は今日終わらせる」のが目標だ。

タッチペンでデバイス依存を防ぐ

オードリーにはもう一つ時間節約術がある。普通の人はすでに習慣になってしまい、あまり深く考えずにとっている行動に関することだ。コンピューターや通信機器、家電などのタッチスクリーン製品を使う際、画面の拡大や縮小の操作を除き、彼女は指ではなくタッチペンを使う。ｉＰａｄを使うときもキーボードやアップルペンシルで入力する。指で直接スクリーンに触れるのを意識的に避けるためだ。

アップルの創業者であるスティーブ・ジョブズの有名な言葉がある。「人間が生まれながらに持っている最高のデバイス、それは指だ」

それなのに、オードリーはなぜ指ではなくタッチペンを使うのか？　タッチペンを使うことと時間の節約にはどんな関係があるのだろうか？

ジョブズがｉＰｈｏｎｅを発表したとき、いつでもどこでもネットにつながれるタッチスクリーンなど誰も見たことがなかった。タッチ式のデバイスが普及するにつれて、そのマイナスの影響が徐々に明らかになる。指で直接スマホの画面に触れていると、大脳はスマホを体の一部と認識し、指からの刺激を求めるようになる。結果、私たちは気づけば画面に触れている。ハイパーリンクを見れば押したくなるし、赤い丸に囲まれた数字を見れば確認せずにはいられない。立ち止まって少し考える余裕がなくなるのだ。オードリーは早くからこのことに気づいていた。

画面の表示を見た瞬間、なんらかの反応をせずにはいられなくなる。まるでモグラ叩きだ。大脳はバーチャルとリアルの境界線を見失い、クリエイティブな思考を持つ余裕がなくなっていく。オードリーがデバイスに直接触れない理由はここにある。タッチペンに限らず、音声入力でもキーボードでもいい。指さえ使わなければ、デバイスを体の一部と認識することはない。直接触れないことで、デバイスの使いすぎを防ぐのだ。

タッチペンという「障壁」を置くことで理性が保たれ、いつでもデバイスから離れて別のことを始められる。無意識にいつまでもスマホを触ってしまい、何時間も無駄にしてしまうこともなくなる。もし、自分はすでにデバイス依存症だと感じたなら、ポモドーロ・テクニックを応用し、25分ごとに画面を閉じて別のことをするといい。

これはオードリーからのアドバイスだ。

フェイスブックのフィードを消し、無駄な情報をシャットアウトする

オードリーのもう一つの時間節約術は、フェイスブックに関するものだ。

彼女もフェイスブックを使っているが、そのホームページはとてもすっきりしてい

て、広告がまったく表示されていない。普通の人にはありとあらゆる広告がはびこっているが、一体、どんな手を使ったのか？

フリーソフトウェアのプログラマーであるオードリーにとっては、実に簡単な話だ。自分のブラウザに「FB feed eradicator」という拡張機能をインストールすると、フェイスブックのインターフェイスが消えて、代わりに偉人の名言が表示される。これもまた生活の主導権を取り戻すための手段だ。フェイスブックがオードリーのデータや履歴を集めることはできなくなり、アルゴリズムに監視され、広告で感情を操られることもなくなる。

ネットを使えば「必ず足跡が残る」のは周知の事実だ。私たちがフェイスブックを開くと、その注意を少しでも長く引きつけようとおすすめの動画や広告が次々に表示される。だが、オードリーの使い方は違う。気になるキーワードを入力して専門のページを見る。これは一対一の関係だ。打ち込んだキーワードに基づいてフェイスブックがおすすめの広告を表示し、関心を引こうとすることはない。

フェイスブックに次々に表示される広告や動画の背後にあるのは、彼らが「育てている」専門のAIだ。ユーザーがフィードを閲覧するたび、どのページに長くとどまったか、クリックしてページに進んだかといった情報が取り込まれ、AIを育てるエサになる。AIは次第にユーザーを理解し、興味のありそうなコンテンツを次々に提供する。どんどん更新されるフィードに注意力を奪われた現代人は、なかなか一つのことに集中できなくなっている。

ソーシャルネットワークが生活の一部となった現在、仕事中でもつねにスマホをいじり、SNSの動向を気にする人は多い。たいていの人のスマホには複数のSNSアプリが入っている。一つ目のSNSのフィードを確認し終わらないうちに、別のSNSで新しい話題が上がっていないか、あちらの議論は決着しただろうかと興味が移っていく。結局、注意力が散漫になってちっとも仕事に集中できない。

アメリカの哲学者、モーティマー・アドラーの名言がある。

「規律によって心を自由にすることなしに、真の自由は得られない（True freedom is

impossible without a mind made free by discipline.)」

時間に追い立てられるのではなく、仕事と生活のリズムを自分でコントロールすることで生活にゆとりができ、幸せになれるとオードリーは考えている。

時間構造を把握し、時間の主導権を握る

朝9時から夕方5時まで働くというオードリーの1日は、一見すると普通の人と同じように思える。しかし、ポモドーロ・テクニックや食材デリバリーの利用、タッチペンの使用、フェイスブックのフィードといった行動から、時間の枠組みを再構築して時間の主導権を握っていることがわかる。この考え方は衣食住を問わず、彼女が生活のなかで最も重要視しているものだ。

人の習慣はそれぞれ違う。チャンネルの切り替えがうまく、一度にたくさんのことができる人もいて、それ自体は決して悪いことではない。ただ、オードリー自身はそ

ういうタイプではない。「傾聴」「学習」「理解」「反応」の四つの段階を切り替えるのに一定の時間がかかる。

新しい刺激に出会うと感情が動かされる。だから自分に一定の時間を与え、感情を落ち着かせてから改めて処理することにしている。

人は自分を正しく知るべきだとオードリーは考える。特に、大人は自分の認知モデルをある程度、理解しておく必要がある。自分の感情・認識・注意力のバランスを把握し、自分にもっともなじむ方法を見つけ出す。一度に一つのことしか処理できないなら、一つをやり終えてから別の作業に移る。今は便利で使いやすいツールがたくさんあるから、それらを利用して時間配分を決め、一つひとつの仕事を着実に終わらせる。主体的に時間の枠組みを把握し、自分に最適なペースに組み直すことで、集中していくつもの仕事を終わらせることができる。これが効率的に仕事をこなす秘訣だ。

第6章

集中力と心の安定を保つ

GTD仕事術と心のマッサージ法

仕事でも日常生活でも、私たちは1日中つねに何かを体験し、感じている。そうした体験や感想は、よくも悪くも私たちの感情に影響を与える。うまく付き合わなければ仕事への集中力が削がれかねない。オードリーのEQの高さは元来の気質によるものではあるが、それだけではない。自分で自分の感情をコントロールする方法を知っているからだ。

リモートワークで変化した時間の観念

２００８年、ソーシャルテクストに入社したオードリーは、デスクトップアプリケーションの担当者としてＬＩＮＥやワッツアップのようなインスタントメッセージアプリの開発を手がけた。集中力を管理する「アテンション・マネジメント」のツールを提供し、ユーザーが限られた時間を効率的に利用し、より多くのタスクをこなせるようにするのがねらいだった。

だが、開発は意外な壁にぶつかる。一つの通信アプリが仕事の生産性向上に役立つとしても、同時に２種類も３種類も使用すると生産性は一気に落ちるのだ。もしスマホに三つ以上の通信アプリが入っていれば、それぞれに注意力を奪われ、一つのやりとりすら完了できない状態になりかねない。たとえばこんな状況だ。ＬＩＮＥのメッセージにはすぐに返信したい。そうしているうちに新しいメールが届く。ＳＭＳの着信もひっきりなしだ。いくつものアプリから次々に届くメッセージには、いくら返信してもきりがない。一つ返信し終えたと思ったら別の通知が鳴る。

行動が切りかわるたびに思考は中断され、注意力が失われた状態に陥る。オードリーがポモドーロ・テクニックを使うのには、このように注意力が切れた状態になるのを防ぐ目的がある。パンデミックによって世界はリモートワークの時代を迎えた。

リモートワークによる変化とは、職場が現実のオフィスからバーチャル空間に移ったことだけではない。本当に変わったのは時間の枠組みに対する認識だ。

リモートワーカーにとって、ひっきりなしにくる連絡に邪魔されないことは非常に重要だ。もし、あなたの上司が「オフィスで私のそばにいるときは姿勢を正せ」と言うタイプなら、リモートワークになっても「私が連絡したらすぐに返信しろ」と言うだろう。実際には、この二つはまったく別次元の話だ。上司のそばに立っているとき、部下の注意力は１００パーセント上司に向けられている。しかし、リモートワーク中、上司からの連絡に対応している部下のパソコン画面には、ほかに三つのウインドウが開いているかもしれない。その場合、上司に向けられている注意力はわずか４分の１。

気が散っているから仕事の質も落ちてくる。
たびたび上司や同僚の邪魔が入るような環境では、仕事はなかなか進まない。何度も中断させられるうちに、すっかりやる気をなくしてしまう。ポモドーロ・テクニックなどを使ってあらかじめ時間配分を決めておくことは、仕事の効率を上げるだけでなく、生活の質を保つうえでも重要な役目を果たす。

リモートワーク時代の時間の使い方について、もう一つ注意を促したい点がある。人にはそれぞれ自分なりの時間配分があるのだから、互いの姿が見えないときは、互いのペースを尊重すべきだということだ。30分に1回メールを確認して返信するのが相手のペースだとしたら、5分後に回答がほしいと期待したところで、相手はまだメールを読んでさえいないかもしれない。

「一番大事なのは、相手の想像力に期待してはいけないということです」
リモートワークはリアルの職場環境とは違う。リアルの場面では相手に何かを要求された際、黙ってしかめ面をするだけで、「要求はのめない」という考えが相手に伝わる。しかしリモートワークの場合、しかめ面をしても相手には見えない。はっきり言わなければ相手には伝わらないのだ。結果的に仕事上のトラブルにもつながりかねない。

リモートワークでは、最初に互いの仕事上の境界線を明確にしておく必要がある。最初は相手が戸惑っても、そのスタイルを貫いていけばいずれみんながその合理性を理解してくれるはずだ。

人にはそれぞれ自分なりの時間配分があるのだから、互いの姿が見えないときは、互いのペースを尊重すべきだ。

バッファを持たせる仕事のリズム

最初に時間配分を決めておくことは、仕事の進め方を上司と話し合う際にも有効だ。2016年の入閣に先駆けて、オードリーが提示した条件の一つは、毎週水曜日と金曜日は行政院のオフィスへは出勤せず、リモートワークをすることだった。

週2日のリモートワークにこだわった理由は何か。「デジタル担当大臣という仕事は自分の専門分野ではありますが、実際には地方政府や各部門からさまざまな課題が寄せられます。データの処理は得意ですが、それぞれの問題の専門家ではないので、資料を読み込み、関連知識を学んでからでないと対応できません」

新しいことを学ぶ必要が生じたとき、不安をなくすために最善の方法は、一定時間じっくり取り組むことだ。新しいことを学ぶのは決して難しくない。じっくり取り組むために一定の時間を確保して知識や情報を深く理解すれば、どんなことも学べる。

だが、問題もあった。毎日の勤務時間は朝9時から夕方5時と決まっていても、新しい情報やデータをきちんと読み込むためには、仕事のリズムを自分でコントロールする必要がある。オフィスにいるときは、たとえスマホの電源を切っていても、同僚が訪ねてきたり、長官から臨時会議に呼び出されたりするたびに、自分の仕事を中断して相手に合わせなくてはならない。そこで、1週間の業務時間を分解し、自分のリズムに合わせて組み直すことにした。1週間のうち月・火・木曜日の3日間は、同僚との打ち合わせや会議に使う。水・金曜日の2日間はリモートワークにして、誰にも邪魔されず新しい知識を吸収し、消化する時間にあてる。

「こうすることで、同僚に仕事を持ち込まれても、私は『新たな事件の発生だ、すぐに対応しなくては』と慌てずにすむのです」

火曜日にある事態が発生したら、水曜日に丸1日かけて検討する。木曜日にはもう処理に使うシステムのアイデアが頭に浮かんでいる。オードリーは週に2日間の「バッファ期間」を作ることで、仕事のリズムを整えているのだ。

オードリーがポモドーロ・テクニックと併用しているのが、こなすべきタスクの重要度と緊急度を整理して管理する「GTD（Getting Things Done）メソッド」という手法だ。

GTDは、役員や管理職向けのコーチングを専門とするデビッド・アレンが2001年に『はじめてのGTD　ストレスフリーの整理術』（二見書房）で提唱したものだ。多くの人々の経験と認知科学研究に基づくデータ検証結果から、シンプルで実用的な行動管理メソッドを生み出した。

この手法が生まれた背景には、頭のなかにつねにいくつものタスクを抱えているという現代人の事情がある。仕事をしている最中にも、次にやるべきことが割り込んできて集中力を奪っていく。GTDメソッドに従いタスクをすべて書き出すことで、大脳から「あのタスクが終わっていない」という警告が鳴り止み、集中して今の仕事を終えられるようになる。

オードリーの時間管理術は、簡単に言うとポモドーロ・テクニックとGTDメソッドからなっている。ＧＴＤでは特に二つのステップを重視する。一つは「把握」のステップ。新しいタスクが入ってきたら頭のなかに留めておかず、紙に書き出す。もう一つは「整理」のステップ。やるべきことを定期的に整理する。重要度と緊急度によってやるべきことを分類してから、ポモドーロ・テクニックを使い、集中して処理することで効率的な仕事のリズムが作れる。

ガラスの心を強くするには、マッサージが必要

ツールを駆使して仕事に打ち込む時間が生活のすべてではない。仕事でも日常生活でも、私たちは1日中つねに何かを体験し、感じている。そうした体験や感想は、よくも悪くも私たちの感情に影響を与える。うまく付き合わなければ仕事への集中力が削がれかねない。オードリーのＥＱ〔訳注：心の知能指数〕の高さは元来の気質によるものではあるが、それだけではない。自分で自分の感情をコントロールする方法を知っているからだ。オードリーはそれを「心のマッサージ」と呼んでいる。

いわく、「心のマッサージ」とは「ガラスのハートを鍛える訓練」だ。不愉快な思いをしたときや、他人に痛いところを突かれたとき、人の心は精神分析における「抵抗」の状態にある。マッサージで患部を押されたときに痛みを感じるのと同じように、私たちの心のなかにも凝り固まっている部分があるのだ。

こんなとき、**オードリーが心がけているのは、別の感覚器官に心地よい感覚を与えること、そしてぐっすり眠ること。睡眠の長期記憶によって、不愉快な刺激と心地よさを自然に結びつける。これがオードリー流の「心のマッサージ」だ。**

その名が広く知られるようになって以来、オードリーは毎日のようにSNSなどで誹謗中傷や人格攻撃を受けてきた。十数年前は攻撃的な書き込みを見るたびにパソコンを壊したくなる衝動に駆られたが、パソコンは高価なのでなんとか思いとどまったという。残酷な言葉は確実にオードリーの心に痛みを与えた。ちょうどマッサージで一番痛いところを押されたときのように。

心ない言葉を受けたとき、人はつい反撃したくなるものだ。怒りや侮辱を意味するスタンプを送りつけ、自分が傷ついた分だけ相手も傷つけてやりたくなる。しかし、ネット上で飛び交う言葉はやがて外へとあふれ出て、多くの人の目に触れる。不愉快なやりとりは当人たちだけでなく、見ている人たちをも不愉快にする。

オードリーのやり方はこうだ。マイナスの感情はいったん置いておき、気分が変わるようなことをする。なるべく心地よい体験がいい。美しい音楽を聴いたり、ヨガをしたり、飲んだことのない味のお茶を試してみたり。マイナスの感情から抜け出すと同時に、新たな記憶を自ら植えつける。そうすると、次に不愉快な思いをしたときに、美しい音楽やおいしいお茶の記憶が呼び覚まされ、負の感情が明るい記憶へと変換されるのだ。

そのときの感覚を彼女は、「ディズニー映画『インサイド・ヘッド』で赤のボールがゆっくりと黄色に変わっていくような感じ」と表現する。もちろん、「心のマッサージ」の方法は人それぞれだ。怒りがわいたら3秒数えて深呼吸する人もいれば、山へ登る人もいる。

いつもとは違う感情がわいたときはまず、心のなかにその感情の居場所を作る。感情と冷静に向き合えるようになるまで一定の期間、共に生活するのだ。感情が落ち着き、客観的に話せる状態になったら、ネット仲間に話を聞いてもらう。この方式を「小白《シャオバイ》〔訳注：無神経なコメントをするネットユーザーのこと〕とハグする」と呼んでいる。

誹謗中傷のなかの建設的な言葉にだけ対応する

攻撃的な言葉で相手を批判したり誹謗中傷したりするネットユーザーは、「心のマッサージ」の仕方を教えてくれる存在だとオードリーは言う。攻撃的なコメントが届いたときは、そのなかに建設的な意見を探す。10の言葉のうち九つが罵詈雑言だったとしても、一つの建設的な言葉があれば、それに対してだけ真摯に対応し、残りの感情的な言葉は見なかったことにする。オフィスがある「社会創新実験中心（ソーシャルイノベーションラボ）」にケンカ好きのネットユーザーを招いて話を聞き、一緒に点心を食べたこともある。結果、互いに不愉快な感情は消えたという。別の誰かから同じように攻撃されることもあるが、「心のマッサージ」をしたあとならすでに免疫ができている。

「心のマッサージ」は前向きな態度でするものであって、「逃避」とは違う。音楽を聴いたりお茶を飲んだりしたあと、そのまま問題を放置してしまえば、それは「逃避」になってしまうが、オードリーの場合、音楽を聴いてから改めて問題の処理に当たる。お気に入りの音楽をかけ、心地よい感覚を脳に記憶させながら、積極的な態度で問題と向き合うのだ。

「オードリー・タンからコメントが届いた」

ネット上では、ユーザーのこんな驚きの声がたびたび見られる。オードリーとネットコミュニティの付き合いは長い。14歳で中学を中退して以来、長年にわたってネット文化を研究し、「ネット上では、人はなぜすぐに相手を信頼したり憎んだりするのか」について探ってきた。攻撃的なネットユーザーに対して、彼女は決して反撃も無視もせず、建設的な言葉で返信する。攻撃してきた相手に理性を取り戻させるためだけではない。傍観している人たちにも、感情的な言葉に引きずられることなく共に問題の核心を探ってほしいからだ。

よく「暴力より怖いものは無関心」と言われる。理性を失った煽動的な言論があふれ、誰もが「対岸の火事」とばかりに冷淡な態度をとるようなときでも、オードリーは攻撃的なユーザーに正面から向き合って対応する。みんなが問題を傍観せず互いに建設的なコメントを残すことによって、健全なネットコミュニティが育っていくことをみんなに理解してほしいからだ。

攻撃的な言葉で相手を批判したり誹謗中傷したりするネットユーザーは、「心のマッサージ」の仕方を教えてくれる存在。

第7章

睡眠記憶法

大脳の働きを生かす

オードリーには独特の記憶術がある。眠る前に本を読むと、眠っている間に内容を消化し、翌朝には覚えてしまっているのだ。ストレスの多い現代人には睡眠時間をコントロールすることさえ難しいのに、眠る前に読んだ資料を眠っている間に消化するなど、実に不思議な話だ。どうやったらそんなことができるのだろうか？

毎日リセットすることで、新しいものを取り入れられる

オードリーは自分の体をよく理解している。毎日8時間は睡眠をとらなければ、翌日、精力的に仕事をこなすことや、一人ひとりの話を理解することが難しくなるという。ハイパフォーマンスの仕事は、十分な睡眠なしにはありえないのだ。2時間しか眠れなかった日は、40分どころか4分も話を聞かずに意識が朦朧としてくる。「たっぷり睡眠をとれば、目覚めるたびに脳にスペースが生まれ、新しい情報を取り込めるのです」

毎朝7時に起きるオードリーが8時間の睡眠を確保するためには、前日の夜11時までに眠りにつかなくてはならない。さらに、眠る前と目覚めたあとには自分のためだけに過ごす時間が必要なので、毎日およそ10時にはベッドに入り眠る準備をしている。

仕事面も感情面も完全にリセットされた状態で眠りにつき、すがすがしい気分で新

しい1日を迎えるために、就寝前に必ず次の四つを実践する。

1 夜10時を過ぎたらスマホを切る。サイレントモードやバイブレーションに切り替えるのではなく、電源からオフにする。就寝前は意思が弱くなるため、無意識にスマホをいじり続けてしまい、寝るのが遅くなりがちだ。

2 眠る前にすべてのメールボックスとタスクリストを空にし、発信すべき情報はすべてネットにアップロードしておく。

3 翌日に使用する大量の資料や書籍を30分かけて読む。小説ではなく、論文のように事実が整然と記された、知識を得るための文章が中心だ。1ページにつき2〜3秒のペースで読んでいくので、30分で600ページほど読み終える。読むべき資料が多い場合は1時間長く眠る。眠っている間に情報を消化し、翌朝目覚めたときには前の晩に読んだ資料をすべて記憶している。

4 20分間の座禅を組んで、今日1日のストレスを洗い流す。よい感情も悪い感情も一緒に解き放つことで、前日の感情を翌朝まで引きずらなくなる。体内の感情をゼロリセットすれば、すっきりした気分で朝を迎えられる。これは、4歳か5歳のころに両親から教わって以来の習慣だ。

このうちの三つ目がオードリーの睡眠記憶法だ。ストレスの多い現代人には睡眠時間をコントロールすることさえ難しいのに、眠る前に読んだ資料を眠っている間に消化するなど、実に不思議な話だ。どうやったらそんなことができるのだろうか？

睡眠が記憶力の強化に役立つことは、脳神経科学の医師も認めている。日本の心理カウンセラーでベストセラー作家の石井貴士氏は、『本当に頭がよくなる1分間記憶法』（SBクリエイティブ）のなかで、「短期記憶から長期記憶に移していく過程で必要なもの。それは、実は『睡眠』なのです」と指摘している。

徹夜して勉強してもすぐに忘れてしまうのは、睡眠不足が関係している。睡眠時には脳の神経細胞をつなぐ「シナプス」の結合が起こりやすくなり、記憶の整理が行われる。睡眠の過程のなかで短期記憶が長期記憶へと変換されるのだ。だから眠る前に資料を読み、ひと晩ぐっすり眠って目覚めたら、セロトニンの分泌が盛んな朝のうちに昨夜読んだものを見直すという方法は、効率的で効果の高い方法だ。

また、正しい時間帯に睡眠をとることも重要だ。石井は、記憶を増強するには夜10時に就寝し、朝5時半に起きるのが最適だとしている。彼が提唱する「サンドイッチ記憶法」は、寝る前の90分間に本を読み、夜10時に就寝、起きた直後の90分間で前日に暗記したことを復習する、という三つのステップを踏む。

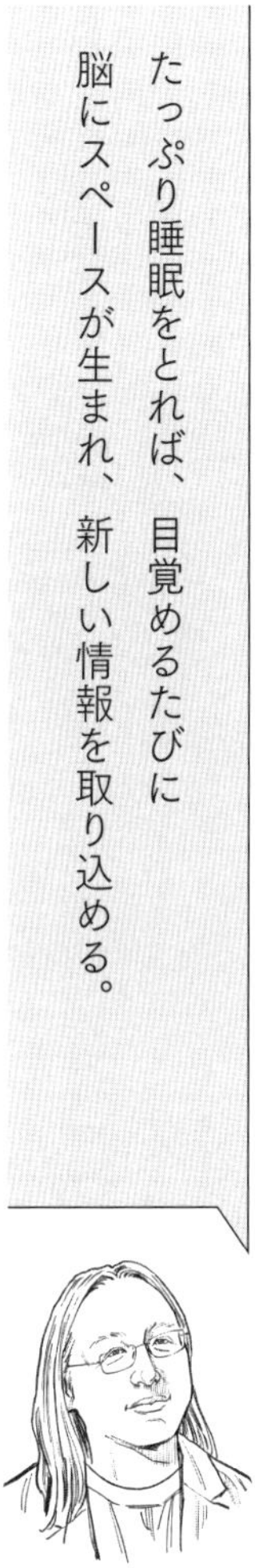
たっぷり睡眠をとれば、目覚めるたびに
脳にスペースが生まれ、新しい情報を取り込める。

眠る前に正しく読めば記憶に残る

オードリーの睡眠記憶法でカギとなるのは、眠る前にどれだけ正確に読めるかだ。彼女の場合、眠る前には知識系の文書、たとえば明日の会議の議題に関する資料や研究論文などを大量に、高速で読む。小説や詩集のようなものは、睡眠記憶法で消化したり記憶したりする必要はない。

それらはゆっくり味わうほうがいい。特に、長い詩歌など声に出して読みたくなるようなものは、じっくりと噛みしめるように読むべきで、大量に高速で読む方式には向いていない。音の一つひとつに込められたさまざまな意味を、すみずみまで味わい尽くしたいからだ。

では、知識系の本が睡眠記憶法に適しているのはなぜか？　ここでの知識系の本とは、論文・ストーリー性のない読み物・教科書・歴史書など、事実を整然と描写したり記録したりするためのものを指す。こうした文章に使われる言葉は特定の意味しか持たず、読者は行間からさまざまな意図を汲み取る必要はないため、高速で読み込むのに適している。

眠る前に読んだものをすべて頭のなかに取り込むには、非常に重要な前提が一つある。それは、知識系の本を読むときには気を散らすことなく、最初から最後まで集中して読むことだ。読みながら内容について判断したり、頭のなかで自分の観点を整理したりしてはいけない。だが実際には、そんな読み方をするのは決して簡単ではない。

「『判断を下さない』ことが一番難しいです。つねに立ち止まって考えながら読んでいたら、ほとんどページが進まず、睡眠中に学べる可能性は限りなく低いでしょう」

睡眠記憶法の成功には、流れを止めずに一気に読むことが条件となる。だが、このような読み方をするには訓練が必要だ。なぜ流れを止めてはいけないのか？ 読みながら判断してはいけない理由とは何か？

本を読んでいる途中で、筆者の論点には賛成できないと感じることがある。しかし、この時点で筆者はまだすべての論点を語り終えていないかもしれない。論点がすべて明らかになるのは一つの章、あるいは1冊の本を読み終えてからだ。本を読みながら頭のなかで筆者に反論し、数ページ読む間にも批判を繰り返したとしても、結局はもともと自分が持っていた考えを強化しているにすぎない。読めば読むほど主観が強まっていくのだ。

読みながら筆者に反論することで、逆に自分なりの考え方が強化されてしまう。その本に関することを人から質問されても、やはり自分の観点から答えてしまうだろう。しかし、読みながら頭のなかで批判するのを我慢し、ひたすらインプットに徹することで、本と筆者を心のなかにとどめることができる。人から質問されても、本の観点と新たに生まれた自分の観点の両面から、より多角的に答えることができるのだ。

知識系の本、特にページ数が多く事実を整然と描写するタイプの本は、通常なんらかの観点に基づいて記述されている。もし一字一句に主観で反論していたら、最後まで読んでも本の観点は頭に入ってこない。いくら読んでも自分の養分にはならないし、睡眠を通じて読書の記憶が強化されることもない。

「筆者の観点でものを見ることをせず、自身の論点の確認に終始するのは、砥石で主観に磨きをかけているのに等しいことです」

本を相手に論争すれば、筆者がそこにいない以上、必ず勝てると決まっている。「自分とは異なる観点でものを見る力があれば、複雑な論点もより深く理解することができます」

眠る前に知識系の本を集中して高速で読む。途中で読むのを中断して考えることはしない。判断も批判もせず、一気に大量の情報をインプットしてから十分な睡眠をとる。そうすれば、目覚めたときに「筆者は筆者、自分は自分」と感じることはない。本の内容は自ら使いこなせる知識として取り込まれ、自分自身の思考の一部となる。これが最大のポイントだ。目覚めている間の私たちは、特定のやり方やいつもの行動に固執し、自分なりの観点で物事を見てしまいがちだ。しかし、夢のなかでは自我が比較的弱いため、一つの物事を多角的に見ることができる。

練習は「相手の話を頭のなかで止めない」ことから

とはいえ、批判せず集中して読み続けるには訓練が必要だ。では、どう訓練すればいいのか？　オードリーが提案する練習方法は、日中ほかの人と会話しているときに、相手の話を頭のなかで止めないよう努めることだ。たとえば、誰かの話を聞いているときには心を完全に開放して聞く。１００パーセントの意識を相手に向け、相手が話す内容を先回りして推測しない。最初は自分を制御するのが難しいかもしれない。ならば、まずは一定の時間を設定してみる。10分間は話を邪魔しないことを相手に約束し、10分が過ぎたら聞いた内容を簡単にまとめて伝える。その間、相手にも話を邪魔しないようお願いする。伝え終わったら、自分のまとめが正しいかどうか相手に尋ねる。いわゆる「積極的傾聴法（アクティブリスニング）」と呼ばれるもので、訓練を通じて習得することができる。

オードリーは最長で1時間、判断を下さず話を聞き続けられるという。これも訓練のたまものだ。「私は超人ではないので、間に休憩したり、飲み物を飲んだりすることも必要です。集中して聞くことにも肉体的には限界があります」

相手の話す一字一句に共感する必要はない。まず相手の話を最後まで聞き、思考をすべて明らかにしてもらう。聞き終えたら、相手とは経験を共有したことになり、そこから対話を始めることができる。もし、先に相手を批判したり、特定の言葉を聞いたとたん地雷を踏まれたかのように反論を始めたりすれば、相手からもたらされる情報が自分の養分になることはない。

「ストップウォッチで測ってみるといいでしょう。自分と意見の異なる人と話すことにどれだけ長く耐えられるか。２～３分しか耐えられなかったら、その結果を睡眠前の読書に生かすのです。３分間は筆者を批判せずに読み、そのまま眠り、長期記憶へと変換させます」

彼女はたいてい、睡眠前に30～40分かけて明日の会議に必要な資料を読み込む。

解決を待っている問題は山ほどあるが、日中は急いで判断や決定を下そうとせず、考えをインプットしてから眠りにつく。目覚めたときにはそれらの問題のアウトライン、つまり共通の価値観や決断が頭のなかで整理されている。かなり複雑な問題に遭遇したときは、夢のなかでも「残業」する。睡眠時間を増やし、9時間の睡眠をとるのだ。

目覚めた途端、夢で思いついた新しいアイデアを忘れてしまわないために、枕元にはノートを置いておき、起きたらすぐに夢の内容を書きとめるか、録音して記録する。そうしなければ、それを考えたという事実そのものを忘れてしまいかねない。インスピレーションやアイデアは、わずか数秒の間に生まれてくることがあるものだ。

昨夜は残業で遅くなったから寝不足だという場合でも、挽回する方法はある。日中の空き時間を利用して不足した睡眠時間を補うのだ。2時間足りなかったら、2時間分を捻出して睡眠にあてる。睡眠不足を補うには二つのテクニックを使うという。

1 眠る場所と活動する場所は別にする。オードリーはふだんソーシャルイノベーションラボで仕事やミーティングをしているので、眠る場所は行政院のオフィスにある小部屋と決めている。この小部屋に入ると「休む時間だ」という感覚になり、すぐに眠りにつける。

2 日中にあまり長く眠ると、かえって疲れることがある。短時間の睡眠ですっきり目覚めるために、眠りにつく前にコーヒーを1杯飲む。カフェインが神経を興奮させるには一定の時間がかかるので、コーヒーを飲んですぐに眠ると、目覚めたときにカフェインの効果が出て頭がシャキッとする。

自分とは異なる観点でものを見る力があれば、複雑な論点もより深く理解することができる。

本のコンセプトをキーワードで記憶する

前夜に読み込んだはずの資料の内容を、目覚めたときに忘れてしまっていたら？

そうなる可能性は極めて高い。オードリーが電子書籍を好む理由がこれだ。

「本の内容を暗記する必要はありません。本のなかから思考に生かせる概念を見つけ出し、キーワードをつかむだけでいいのです。電子書籍のいいところは、暗記しなくてもキーワードを入力して全文検索するだけで、すでに読んだ資料の内容を整理できることです」

このように、脳内で同時に保持できる概念の数を「ワーキングメモリ」と表現する。オードリーいわく、人間のワーキングメモリの容量は決して大きくない。同時に処理できる概念はおおむね七つ程度だ。それぞれの分量が多すぎれば、ほかの概念の分のメモリを圧迫するので、キーワードは2文字か3文字が望ましい。七つの概念なら16文字程度、それなら脳内に保持できる。このエネルギーを暗記に使った場合、文章の一部を一時的に覚えておくことしかできないし、一つの概念からさまざまに思考を広げていくこともできない。

キーワードだけを覚える方式で、1ページをだいたい2秒から3秒で読み取る。このときはキーワードと本の関係を押さえるだけでいい。１分間で約20ページ、６００ページの本でも30分あれば読み終える。ちょうど本をスキャンするのに似ている。こうして短期記憶にしておいた情報を、睡眠記憶法を用いて長期記憶へと変換させる。

朝、目覚めたら最初にスマホを手に取り、新しいメールやＬＩＮＥのメッセージを確認するという人は少なくない。しかし、オードリーは寝室にスマホもパソコンも持ち込まず、目覚まし時計だけを置いている。目が覚めてから部屋を出るまでの間、まだ少しぼんやりしている状態のときに、前夜に考えがまとまらなかった問題や眠る前に読んだ内容を思い出す。目覚めてすぐに、睡眠中に整理され蓄積された記憶を呼び出すことで思考が定着し、スムーズに仕事を始めることができる。

思考が完全に整った状態にすることが大事だ。だから、目覚めたら昨日のうちに解決できなかった問題について考えをまとめ、それから次のことをする。

目覚めてすぐにメールやメッセージをやりとりするのは、その日の自分の行動を他人に支配されることを意味する。起きた瞬間から別世界に放り込まれてしまい、自分の「バッファ時間」を確保することができないのだ。

第8章

リーダーは管理者ではない

グループに必要なのは「コーディネーター」

オードリーは仕事中の自分の立ち位置を、垂直方向の「管理者」ではなく、水平方向の「コーディネーター」だとしている。自身が率いるチームは、政府機関としては数少ない「OKR（Objectives and Key Results）」を採用している部門だ。

命令は下さず、メンバー自身に目標を設定させる

デジタル担当政務委員を務めるオードリーのオフィスでは、政府の各部門から集まった異なる分野の専門家20人ほどが仕事をしている。「クロスファンクショナルチーム」のメンバーだ。多元的な人員構成には、総体的な評価が必要な場面において、理性主義から現実主義までさまざまな角度からの意見が集まり、多様な価値観に基づいて検討できるメリットがある。「チームの多様性が乏しく、みんなが同じような性格だったら、多くの問題を見落としてしまうでしょう」

オードリーと働きたいと思ったら、誰でも自ら手を上げ、新しい観点で仕事を立ち上げることができる。課される条件はただ一つ、「すべての業務を公開すること」。チームに入れるのは1部門から一人と決まっている。なぜ二人や三人ではだめなのか？　オードリーいわく、一つの部門から二人が来ると、役職の上下やキャリアの長さの違いから、必ずどちらかの発言権が強くなってしまい、もう一人が意見を出しに

くなるからだという。異なる専門分野から同等クラスのメンバーが集まることで、互いにいい影響を与え合うという「クロスファンクショナルチーム」の理念から外れてしまうのだ。

チームのリーダーであるオードリーは、自身の立ち位置を垂直方向の「管理者」ではなく、水平方向の「コーディネーター」だとしている。15歳で仕事を始めたとき、チームの同僚三、四人と仕事を分担していたが上下関係はなかった。その後、入社したアップルでは、自分に最も適した仕事を見つけたら何十年もその仕事を続けるスタイルだったため、昇進という概念がなかった。ソーシャルテクストでも、個別の案件ごとに互いに協力し合うというやり方で仕事を進めていた。そのため、フラットな管理で一緒に仕事をするスタイルが習慣になっていた。

伝統的な垂直型管理の組織では、役職による序列がはっきりしていて、上司の命令は絶対だ。水平型管理では、序列は取り払われ誰もが対等な立場にある。ただし、水平型管理のメリットであるレスポンスの早さを発揮するには、透明で明確な業務プロセスが必要になる。

「私たちのチームは台湾政府のなかでも数少ない、ＯＫＲ〔訳注：「達成目標」とその達成度を測る「主要な成果」を設定し、目標設定・進捗確認・評価という一連の流れを高い頻度で行う管理手法〕を採用している部門です。政府内のクラウドシステム内に、ドロップボックス(Dropbox)、トレロ(Trello)、スラック、グーグルドキュメントといった共同作業用のプラットフォームを導入しています」

近年、インテル・グーグル・アマゾンといった世界的に有名な企業が、これまでのＫＰＩ（重要業績評価指標）による評価の代わりに、ＯＫＲによるチーム管理を採用している。ＯＫＲはチームの自主性を最も重視するという点で、結果や業績を重視するＫＰＩとは大きく異なる。まず、メンバーそれぞれが何をどこまで達成したいかという目標をほかのメンバーに向けて宣言する。さらにチーム単位での目標を定め、上の部門に向けて宣言する。目指す業績と仕事上の目標を、自ら設定するところがポイントだ。

ＫＰＩは上から下へという縦方向で社員の業績指標を定めるものだ。社員は企業への貢献を求められるのはもちろん、その貢献の方法も組織や世間が認めるものでなくてはならなかった。

OKRにおける貢献の方法は、個人の能力によって決められる。会社・部署・個人の三方がコミュニケーションをとり、自身の貢献がどのような影響を与えるかを社員に自覚させる。

オードリーは自身が運営を手がけるプラットフォームについて、「アクセス数を前年比で少なくとも30パーセント増加させる」という目標を設定している。彼女自身が定めた目標だが、最終的な評定の結果はユーザーの数のみによって決まる。上司や評定者が誰かということは評定に影響しない。

組織管理の目的とは、メンバーそれぞれに「自分にも貢献できることがある」と認識させることだ。公平性を重視する必要はない。仕事に参加する時間も、参加することによって得られる達成感も、人それぞれ違うからだ。オードリーのオフィスには二人のコンサルタントが在籍しているが、海外の組織での仕事をメインにしているため、オフィスで一緒に働くのは週に数時間しかない。それでも、決して彼らの貢献度が低いとは考えない。

加えて、オードリーはチームに「命令を下した」ことは一度もない。上司から命令されればされるほど、自ら何かを生み出す力が弱まると考えているからだ。命令を下す代わりに、「みんなが自主的に考えて行動する」環境を作ることに尽力している。

では、そのような環境はどうやって作ればいいのだろうか？　職場での社員の自主性は、上司と正反対のアイデアを主張した部下がどんな対応を受けるかによって測れる。そのアイデアがいかに優れているかを部下に証明させたうえで、リソースを提供して実行させる上司なら、社員が自主的に考えて行動できる環境だといえる。逆に、上司が部下のアイデアを鼻で笑い、自分の権威が脅かされたと感じて、腹いせに部下を冷遇するような職場なら、社員は自分で考えて行動するより、黙って命令を聞いているほうが賢いということになる。

上司から命令されればされるほど、
自ら何かを生み出す力が弱まる。

仕事の内容を公開し、目標達成のため協力し合う

そうはいっても、管理者は命令を下さずにどうやってみんなの仕事内容を把握すればいいのか。オードリーの場合、毎週必ずメンバーと一緒に食事をし、今どんな仕事をしているか、どこに問題を抱えているか、どんな手助けが必要かをメンバー同士で共有させる。これが、いわゆる「ＷＯＬ（Working Out Loud＝声に出して働く）」という手法だ。

ジョン・ステッパーが提唱する「ＷＯＬ」は、進行中の仕事や学習の内容を自ら公開し、相互の共有とフィードバックを通じて、共に目標を達成するという考え方だ。オードリーのオフィスでは、ネット上の共同作業用のプラットフォームでカンバンやチャットルームを共用しているほか、オフィスのガラス壁にも「カンバン方式」が採用され、付箋が山ほど貼られている。各メンバーが担当する仕事の内容から具体的な進行状況までが細かく記入され、「構想」「進行中」「完成予定時期」の項目ごとに整

理されている。オンラインでもオフラインでも、オフィスのメンバーなら誰でも、互いの状況を共有できる仕組みだ。

カンバン・チャット・ビデオ通話・共同編集ツール・共有スプレッドシートなどのデジタルツールを使えば、たとえチームのメンバーがバラバラの場所にいても、行政院のオフィスからでもソーシャルイノベーションラボからでも、全員の状況が確認でき、一緒に仕事をしている感覚を味わえる。この「一緒に仕事をしている」感覚は、時間や空間の制限を受けない。新しいアイデアが浮かんだら、いつでもネット上で共有し、みんなで一緒に討論したり知恵を絞ったりできるのだ。

リーダーとしてのオードリーの毎日の仕事は、「株式チャートを注視するようなもの」だという。行政院内の「Sandstorm.io」というシステムにより、メンバーが今どんな仕事を進めているのかを正確に把握できる。みんなが「声に出して」仕事をすることで、同僚たちは互いに業務の流れを把握し、考えを共有し、必要に応じて助け合うことができる。何かアイデアを出せば、オフィス内の各チームの同僚たちが力になってくれるから、孤軍奮闘する必要はない。

オードリーは、いわば「キュレーター」として、どのピースを組み合わせればパズルが完成するかを考える役目を務めている。自分の手法を固持することなく、誰かがよりよいアイデアを出したら、すぐに実行させる。必ずしもテクノロジーに頼る必要はない。

さまざまなツールは業務内容の透明化を助けてくれる道具にすぎない。重要なのは、自分自身が管理者であるとメンバーそれぞれが自覚すること。毎日メンバーを監視することが管理者の仕事ではないのだ。

主体的に問題を解決する力を与えることがリーダーの務め

水平型管理で、万一、納期に遅れるといった事態が起きたときはどうするのか？

オードリーは笑って答える。「もちろんリーダーである私が責任を負います。最終的に責任をとることがリーダーの仕事ですから」

とはいえ、いくらリーダーでもすべてのリスクを回避できるとは限らない。どうすればいいのか。

たとえば、パンデミック対策で政府がマスク実名制を導入したときのことを挙げる。当初、薬局では番号札を発行してマスク販売を管理しており、政府のマスクマップのデータと実際の数量に食い違いが生じてしまっていた。どうすれば問題を解決できるか悩んだオードリーは、直接薬局に出向いて薬剤師に話を聞いた。「本当に困っています。もしあなたがオードリー・タンならどうしますか？」

ネット上でも多くの薬剤師の意見を集め、対策を検討した。最終的に、薬剤師が番号札を発行してキーを押したら、その枚数がマスクマップから引かれるシステムを作り、問題は解決した。

リーダーは決して万能ではない。必ずしも問題解決能力が高い必要はない。何か問題が起きたら、それは組織全体で対処すべき問題なのだから、すぐに公開してみんなで意見を出し合えばいい。問題を解決するのが誰であっても構わないのだ。リーダーに求められるのは、体面にこだわらない柔軟さと折れない心だ。

リーダーが勇気を持って余計なプライドと権力を手放し、「共創」を呼びかけることで、チームの主体的なクリエイティビティが発揮され、企業の成長が長く続くことになる。

新しく職場に入ってきたばかりの社員は、やる気に満ちていて主体性が高い。重要なのは、彼らをいかに管理するかではなく、その主体性をいかに組織のなかで消耗させることなく維持させるかだ。そのためには、自分なりの経験をメンバー同士で互いに共有させせる。最初から他人の経験を受け入れる必要はない。ある程度の時間をかけ、じっくり話を聞くなり実際に現場に足を運ぶなりして、広い心で相手の視点に立って物事を見てみる。そうするうちに、組織のメンバーの心に、貢献し続けることへの納得感が生まれる。この感覚がなければ、「ここで無駄な時間を過ごす必要はない」と転職を考えたくなるものだ。

オードリーのオフィスで働くチームのメンバーは、さまざまな部門から集まったエキスパートたちなので、任務を果たしたあとはそれぞれもとの職場へ戻っていく。

オードリーの望みは、異なる部門から集まった人たちがおのおのの価値観や手法を共有し合い、互いに共通の価値観を見つけ出して、イノベーションの手法を通じてそれを実践していってくれることだ。

メンバーたちが将来もとの職場へ戻ったときに、持ち帰った種を植えるように、共通の価値観を広め、デジタル化された働き方を活用してくれれば、コミュニケーションの効率は上がり、経費も節約できる。部門間の意思疎通が必要なときは、わざわざ高速鉄道に乗って会議に出かけなくても、バーチャル空間で会議をすれば半分の労力で倍の成果を挙げられる。

水平型の管理方式は、イノベーションと主体的に目標を定める積極性をチームにもたらす。最大の課題は、一般的な企業はこうした管理方式に慣れていないことだ。特に製造業的な考え方の人の目には「ルーズで締めつけの弱い管理方式」と映り、本当に期限内に納品されるのかと不安になるかもしれない。これまで、水平型管理を導入する企業はベンチャー企業やソフトウェアメーカーなどが大半だった。しかし、パンデミックによってリモートワークへの転換が進んだことで、管理者たちはこの大きな社会的変化への対応をせざるを得なくなった。社員たちがリモートワークになり、それぞれ自宅からオンライン会議に参加する状況では、上司はパソコンスクリーン上に映るウインドウの一つにすぎない。その横でどんなウインドウが開かれているか、上司には知る術がない。ならば、水平型管理を導入して社員に自らを管理させるしか、選択の余地はないのだ。

リーダーに求められるのは、
体面にこだわらない柔軟さと折れない心だ。

第9章

平行線を打ち破る会議法

「門を開けて車を作るので、できると思えば参加を」

会議の参加者に進んで自分の意見を述べてもらう方法とは？　オードリーの会議のやり方は、毎回必ず前回の議論に基づいて話し合いを始め、最後は「大まかな合意」を形成するというものだ。

「大まかな合意」を形成し、直ちに実行する

入閣する前の２０１４年、オードリーは行政院である政務委員の専任コンサルタントを務めていた。仕事は行政のデジタル化に関する新たな議題を整理することで、数多くの会議に参加する必要があった。それがまさに「会議」そのものの構造的欠陥に気づくきっかけとなった。

当時、行政院ではバーチャルワールド（仮想空間）関連方案について検討が進められていた。プライバシーと経済発展、シェアリングエコノミーと労働搾取といった多くの課題に議論が及んだ。イギリス領ケイマン諸島で新設される企業が多いのは、租税回避のためだけではない。時代錯誤の企業法のもとではアメリカ的なイノベーションは実現しえないからだ。一方で、政府としては企業の安定性を確保する必要がある。会議では異なる立場からのさまざまな意見が出された。

議論の焦点が合っていなければ、10年話し合っても結論は出ない。当時、仮想空間に関する法整備は世界中で喫緊の課題になっていた。タクシー運転手たちが「配車アプリに仕事を奪われた」「違法に客を乗せている」とデモをする状況を、数カ月以内に解決しなければならない状態だったのだ。いかに迅速に、「満足ではないが受け入れられる」という結論に達することができるかが、非常に重要だった。

２０１６年、オードリーがデジタル担当大臣として入閣したのち、政府には大きな変化が起きた。それは、無駄な会議を開かないメカニズムができたことだ。昔から職員は会議に多くの時間を奪われてきた。特に、管理者は毎日大小さまざまな会議に出席する。いかにして効率的に話し合いを進め、参加者に進んで自分の意見を語ってもらうか、つまり「無駄な会議をしない」かは、仕事の進展を左右する重要なカギとなる。

オードリーの会議では、毎回必ず前回の議論に基づいて話し合いを始める。最後は全員が「大まかな合意」に達していれば、すぐに実行に移すことができる。では「大まかな合意」とは何だろうか。それは「満足ではないが、みんなが受け入れられる」

という結果を意味する。そこを出発点として次の一歩へと進めば異論は出にくい。

では、「大まかな合意」に達するためにはどのように会議を誘導すればいいのか？オードリーが用いるのは「焦点討論法（ＯＲＩＤ）」と呼ばれる手法だ。これは２００５年にカナダ文化事業協会（ＩＣＡカナダ）が発表した、グループ内のコミュニケーションを強化するための手法だ。ＯＲＩＤでは、四つのステップに基づき問いかけを行う。「事実や現況を観察する（Objective）」「感情や反応を語る（Reflective）」「解釈を見つける（Interpretive）」「次の行動を決定する（Decisional）」という段階を踏み、グループを一歩ずつ効果的なコミュニケーションへと導きつつ結論を明確にしていく。

これは特に参加人数の多い会議に適している。人数が多いと意見がばらつき、議論が停滞しやすいが、ＯＲＩＤによって異なる意見を少しずつ集約し、会議の本筋へと議論を集中させることができる。

全員を同じ思考ルートへ導く

オードリーはORIDに加え、「ダイナミック・ファシリテーション」の手法で会議を主導する。デジタルホワイトボードを使い、投影や配信の形で自身のノートを共有する。そのなかで参加者から出された問題について、段階ごとに付箋を貼るようにして分類していく。証明可能な事実には青い付箋、それらの事実がもたらす感想には黄色い付箋、感想から導き出されたより具体的な提案には緑の付箋、提案のうち実行可能なものにはオレンジの付箋といった具合だ。まるでじょうごのように、まずはみんなの自由な発言を広く集め、考えを少しずつまとめて、会議における最も重要な目的、すなわち「実行可能な行動」へと導いていく。

この「少しずつ」という点が最も重要だ。議題に対するそれぞれの感想や、客観的事実に対する反応を共有するという段階をスキップして、いきなり意見や答えを出し合おうとすればどうなるか。互いの頭のなかにある「客観的事実」はバラバラのままで、話し合いはいつまでも平行線をたどり、永遠に交わらない。

それぞれが好き勝手に発言し、互いの感想を理解しないままでは一定の合意に達することは困難だ。このような状況では、会議は長引くばかりで、結局、上意下達の形をとるほかなくなる。みんなは上司の命令を聞き、言われたとおりにやればいい。会議は形ばかりで無意味なものになる。オードリーはよく、カナダの詩人レナード・コーエンの言葉を引き合いに出す。「すべての物にはひび割れがあり、そこから光が差し込む」

ひび割れを作ることこそが会議の目的だと考える。この議題の問題点がどこにあるかをみんなが共有できれば、それが光の差し込むひび割れとなる。会議の目指すべき方向はそこなのだ。

ORIDでは、最初に今回の討論についてみんなの焦点を合わせていく。「この考えを支持する理由は？」「どんな感想を抱いた？」「その感想に至ったのはどんな客観的事実から？」こうした問いかけを通じて、みんなのバラバラの思考を少しずつ一つの思考ルートへと導いていくことによって、初めて「大まかな合意」にたどり着ける。

もし、相手が話す事実をまったく理解できなかったとしたら、それは相手との間に共通の経験が不足していることを意味する。「大まかな合意」に至る前に、重要な前提が一つある。それが「共通の経験」を持つことだ。

たとえば、ウーバー（Uber）がタクシー運転手の免許を持たない人をドライバーとして募集している件について討論する場合を考えてみよう。タクシーに乗った経験は誰にでもある。そのときの体験や感想はそれぞれ違うにしても、「自分自身の経験として知っている」という前提のもとで議論を展開することができる。もし共通の経験がなければ、相手の話が堅苦しい意見の押しつけに聞こえてしまい、耳を傾けることも理解することもできなくなってしまう。共通の経験があれば、くどくど話さなくても相手は理解してくれるから、相手の思考に沿って説明するだけでいい。

共通の経験を持たないまま議題に対する考えを共有しようとすると、大きな壁にぶつかる。共通の経験に基づかなければ漠然とした理解にとどまり、本物の感想を抱くことができない。脳内補完するにも限界がある。だからこそ、会議の進行役にとって共通の経験を作ることはなにより重要なのだ。オードリーは会議を開く前に必ず、議題となる事柄について実際の状況を自ら体験して確かめる。ウーバーに関する会議の前には台北中のウーバーブラック〔訳注：高級ハイヤーの配車サービス〕のほとんどに乗ってみた。エアＢＮＢ（Airbnb）に関する会議のときは、一見すると違法のような部屋に泊まってみたし、酒類のネット販売が議題のときは、実際にネットで酒を買ってみた。ただし、飲んではいない。

オードリーが入閣の際に行政院に出した条件は、週に何日かオフィスへ行かない日を設けることだけではない。どこで仕事をしても業務とみなすこと、つまり、働く場所に制限を設けないことだ。行政院のオフィスにはいなくても、ソーシャルイノベーションラボにいるか、台湾中を歩き回って立法院の公聴会や会議での議題となる事柄について実際に体験し理解を深めている。台湾南端近くの町・恒春《こうしゅん》へも、南方四島へも実際に足を運び、現場を見て考える。東沙諸島へ出向くことは難しいが、高雄の海洋委員会は距離が近いので、一人でも多くの関係者と知り合って話を聞く。

オードリーの行動は矛盾していないだろうか？　天才ハッカーならネットを駆使し

てどんな距離でも飛び越えられるはずなのに、なぜ現場にこだわるのか？　それは、「痛みに最も近い人たちに力を与える」ことを信念としているからだ。

社会問題を解決しようとするなら、まずはその問題が存在する環境に身を置いてみるべきだ。台北の行政院に閉じこもって考えるだけではいけない。言い換えるなら、議題に関連する共通の経験を作るということだ。

会議の場では、まず自分と参加者の間で共通の経験を共有し、参加者にも似たような経験があれば語ってもらう。会議の参加者が同じ経験の記憶のなかに入れたときに初めて議論の焦点が合い、有意義な話し合いになる。この経験の共有がなければ、ニワトリとアヒルの会話のように、かみ合わない議論になりかねない。「直接体験したことがなければ、ほかの人が基本的な事実を語っていても、何の話をしているかわからなくなってしまいます。経験の共有は、コミュニケーションにおける最も重要なカギなのです」

オードリーいわく、この段階で重要なのは「焦点を合わせる」ことだけであり、その先の感想や感覚の部分に多くの時間を割く必要はない。

ソーシャルイノベーションラボの建物は、改修前はほぼ廃墟で、地下室には水があふれていた。オードリーはまず関係者を建物に集め、その場で改修計画の図案を見せた。「窓をこのタイプに変えたらどんな感じになるか」などと一緒に想像することで、焦点の合った議論ができた。もしネット上で数枚の写真を公開したり平面図を見せたりするだけで、みんなで同じ空間に立ったことがなければ、意見はかみ合わなかっただろう。空間計画においては特に臨場感が非常に重要になる。

同じ経験を持つという事実は、会議の大前提となる。互いの立ち位置の探り合いやレッテル貼りに多くの時間を費やすこともなくなる。

最初から完璧でなくても、「十分満足」なら実行に移していい

会議の目的が「大まかな合意」なのはなぜだろうか？　なぜ「完璧な合意」を求めないのだろうか？

オードリーから返ってきたのは哲学的な答えだった。「『完璧』は『十分』の敵です」

みんなが十分に満足だと思える大まかな合意に達しているのに、無理にでも「完璧」な意見を出そうとすることは、「十分」なアイデアに敵対することを意味する。

100パーセント満足できなくても、みんなが十分に受け入れられて、誰かの権益を損なうこともないという案があればすぐに実行するべきだ。「完璧」とは、問題を一足飛びに完全に解決できることを意味する。たとえば、そのアイデアが10年後に最善の策になるとわかっていたら、10年後ではなく今すぐにそのアイデアを実行し、2カ月後には期待どおりの結果が出ているか確認したくなる。

この「完璧を求めて必死になる」状態について、オードリーはその心持ち自体は決して悪いものではないと考えている。しかし、一足飛びに百点満点の結果を出してしまったら、周囲の人は結果を褒めたたえることしかできず、そこから何も学びとれない。また、その優れたアイデアが10年後にようやく認められるものであり、現在の環境や人員で一気に実現することが不可能だとしたら、選択肢は二つしかない。一つは、アイデアを固持し、10年後に結果が出るまで、耐えがたい不遇や挫折を味わい続けること。もう一つは、「十分」な合意を受け入れて実行に移すこと。現時点では完璧ではなくても、10年後には「より優れた」結果が出ているはずだ。「10年後によりよい結果が出るという点で、二つの選択に違いはありません。違うのは自分の感覚だけです」

一方、別の側面もある。「十分」なアイデアは、大まかな合意のもと現在目の前にある問題を解決できる。しかし「完璧」なアイデアは、そのレベルまで到達する必要があることを意味し、より多くの人手と時間をかけなければ実現できない。「十分」ではなく「完璧」にこだわって現在の問題を解決しようとしても、合意に達していないことによる不満が生まれ、物事が前に進まない。「十分に受け入れられる」合意を出発点とし、少しずつ共通の経験を蓄積していくことで、物事が持続的に進展し、「十分」よりもさらに優れた結果を生み出すことができる。

近年、新たに生まれた職業であるeスポーツ選手を例に挙げてみよう。政府で議論を始めた当初、この業界をどの部門の管理下に置くべきかわからず、誰もが既存の枠組みに当てはめて考えようとした。教育部は「eスポーツは体育に該当せず、文化活動に属する」と考えたが、文化部は「伝統技能には該当しないため、経済部で管理すべきだ」と考えた。だが経済部は「自分たちが管理するのはゲーム機本体などのハードや設備だけで、選手は管理しない。だから教育部が管理すべきだ」と主張した。

そのときにオードリーが用いたのがORIDだ。まずeスポーツ選手に、これまでにぶつかった問題や個人的なエピソード、成長を感じた経験などを自由に語ってもらい、文字起こししたものを公開して、各部門の担当者に見てもらう。各部門の担当者の発言の文字起こしは、10日間は本人によって編集可能な状態にしておく。会議当日の発言に不正確な点があっても、修正や補足ができるようにするためだ。10日後、すべての会議記録をネット上に公開し、誰でも見られるようにした。

会議記録が公開されると、さまざまなポータルサイトやオンラインコミュニティに集うネットユーザーたちが議論を始めた。最初のうちは個人攻撃などの理性的でない行為も見られたものの、コメントが一定数に達したころから徐々に建設的な意見も出始める。台湾には「専業五楼」というネットスラングがある。四つ目のコメントまでは感情的なものが多いが、五つ目には専門家による知的な意見が出され、そこから議論が深まるというものだ。

続いて開かれた行政院の会議では、感情的なコメントはすべて削除し、「専業五楼」の意見だけを伝えた。「今どきは囲碁すらネット上での対戦が行われている。だから私は棋士もｅスポーツの選手だと考える」「バスケットボール選手にも代替役《だいたいえき》〔訳注：兵役に代わり特定の業務に従事すること〕が認められているのだから、ｅスポーツ選手もそれにならうべきだ。文化部がそれを許すなら、だが」「教育部は新しい取り組みで教育課程の改革を進めている。ｅスポーツの専門学部を作ってもいいはずだ」といった外部の意見を取り入れることで、公務員たちに新たな視点を与え、凝り固まった思考をほぐすことに成功した。ｅスポーツ選手にも棋士と同等の権利が与えられるべきだという声があがるようになった。

一方で、公開された記録を見たネットユーザーたちも、自分たちの意見が受け入れられたことを喜び、感情的な発言を垂れ流すよりも行政院の問題解決を応援したいと思うようになった。「騒ぐ子どもに飴を与えて黙らせる」より、「台所へ招き入れて一緒に飴を作る」ほうがいい。各部門と外部の一般市民が会議に参与し、実行可能な方法を共に探っていった。その後、eスポーツに関する議題は4回の会議を経て大まかな合意に達し、三つの部門で政策が実行されることになった。オードリーは語る。

「この結果は私がもたらしたものではありません。生活も考えも異なる人々を客観的に結びつけ、その考えが一定の融合に達したため、成功したのです」

誰でも参加できることが、ノウハウの伝承につながる

「大まかな合意」という考え方は、仕事に対する意識にも深く関わるものだ。どんなに優秀な人でも力の及ばぬ点はあるのに、一足飛びに完璧な結果を求めようとすれば、ほかの人はその過程から何も学びとれない。結果、問題解決のノウハウを持つのはその人だけという状況になる。その人がいなくなれば、問題解決の方法は誰にもわからない。

近年、台湾では「企業の2代目」が抱える問題が浮き彫りになっている。創業者には非常に有能な人が多い。しかし、会社を立ち上げ育てていく段階では、自身のノウハウの伝承のために、意思決定の過程に次世代の幹部を積極的に参与させるといった考えにはなかなか至らないものだ。

「**特に、企業の理念は創業者世代の間だけで形成されていくことが多く、過程を知らない2代目にとっては困難な問題です**」

後継者が経営を引き継いだあとも、創業者が資源や権力を手放さず、自ら問題解決に乗り出し、後継者に力を発揮する余地を与えないというケースは多い。その結果、強権的な手法で当面の問題は解決できたとしても、問題解決のノウハウは後継者には伝承されないことになる。

ある議題について議論するとき、オードリーが「みんなで話し合う」ことにこだわる理由がここにある。議論を開放して多方面から意見を募り、議論の過程はできる限り公開する。たとえ目の前の問題をすぐには解決できなかったとしても、問題解決に至る過程を誰でも学びとることができる。それを基礎として、後継者が新たな能力を発揮していくことで、より多くの価値を生み出すことができるのだ。

どんなに優秀な人でも力の及ばぬ点はあるのに、一足飛びに完璧な結果を求めようとすれば、ほかの人はその過程から何も学びとれない。

会議はすべて文字起こしで記録

「大まかな合意」を形成する過程で、重要な点が一つあるとオードリーは強調する。それは、会議のたびに詳細な記録をとることだ。次回の会議では、前回の記録にある結論をもとに、より踏み込んだ議論をすることができる。

２０１６年に入閣した際に提示した条件の一つが、自分が開く会議の内容をすべて公開することだった。動画があれば動画を、なければ文字起こし原稿を公開する。完全な記録が残っていれば、前回と同じ議論を繰り返すことはなくなり、新しい建設的な議論へとつなげていくことができる。記録が残っていなければ前回の発言を覆す人が出てきて、議論が後戻りしかねない。

詳細な記録がなければ、前回すでに否決された提案が忘れられ、次回の会議で再び議論されるという事態も起こり得る。そうなると前回の会議はまったくの無駄になり、コストもかさんでいく。

また、会議が終わったあとには作成した文字起こし原稿を会議の参加者に送り、10日間で修正や補足をしてもらう。議事録の完成度を高める目的のほかに、文字起こしを読むことで参加者に自分の発言を改めて確認してもらい、次回の会議で同じ提案を繰り返させないというねらいもある。

ＯＲＩＤは通常、グループ内のコミュニケーションに対して用いるものだ。しかし、長い間意識的に用いていると、いつしか、まるで本能のように自然に反応できるようになっていく。相手の感情がどんな状態であっても、問いかけによって基礎的な事実を確認し、「感情」から「事実」へと相手の意識を引き戻すことができる。

2022年5月、新型コロナウイルスの流行が深刻だった時期に、オードリーは急遽、「陽性者管理システム」を構築する必要に迫られた。既存の通報システムが不安定で、リアルタイムで反映されないという問題を解決するためだ。緊急事態のため、短時間で完成させなくてはならなかった。あるメディアに「負担が大きいのでは?」と問われ、こう答えた。「マシンの負担は大きいですが、設備の増強で対応できます。人間はさほどではありません」

ユーモアを交えた回答で、感情面にばかり焦点が合いがちな一般市民の意識を、目の前の事実に向けさせることに成功した。

ORIDはグループ内のみならず、一対一のコミュニケーションにも生かすことができる。特に、相手が強く意見を主張するときには言葉にはしないものの、「事実を認めたくない」という強い感情が隠されていることがある。「そういうときには、正しいか間違っているかを議論する必要はありません。『そこまで強く主張するのは、なんらかの事実に気づいたからではありませんか？　その事実を共有してもらえませんか？』と尋ねればいいのです」

ネット上の誹謗中傷への対応にもＯＲＩＤは使える。かつて、心ないネットユーザーがオードリーの髪形を「１００年くらい時代遅れだ」とけなしたことがあった。オードリーの対応はまさに客観的事実に焦点を当て、理性を取り戻させる手法だった。「ご意見に感謝します。コロナ対応のため『好剪才（オードリー行きつけの美容院）』に行く暇がなかったのです。来週、髪を切ってきます」

専門外の人の声に耳を傾ける

オードリーは日々、政府のさまざまな部門の担当者と「協作（コラボ）会議」を開く。各部門の公務員と一般市民が会議に参加し、ＯＲＩＤによって問題を洗い出し、焦点を当てていく。

部門の垣根を越えた協作会議には一定のプロセスがある。議題の設定、役割分担の確認、主宰チームによる議題の検討、核心的な課題の定義から対面での議論まで、文字起こしや録画、スライド（slido）〔訳注：参加者の意見の集約やアンケートなどの機能を持つウェブサービス〕といったテクノロジーを駆使して、情報の正確性を保ちながら円滑なコミュニケーションをはかる。

協作会議においてグループごとの討論を行う際、あえて議題とは無関係な部門の公務員に会議の進行を担当してもらうことがある。一般的な感覚では金融をテーマに議論する場合、金融関連の部門の公務員が担当するのが妥当に思える。だが、オードリーの考えは異なる。こういった類の議論をする際には、公務員には一般市民の立場で、逆に一般市民には公務員の視点で考えてもらう必要がある。だが、公務員は組織の利益を優先し、自らの価値を守ろうとする傾向がある。そのため金融に関する議題では海洋委員会の職員に、海洋問題に関する議題では金融監督管理委員会の職員に担当してもらう。

その理由は何だろうか？　海洋委員会の職員は税関申告の問題に対しては一般の納

税者という立場であり、財政部の立場を守る必要がない。同様に、金融監督管理委員会の職員も海洋問題に対しては一般市民の立場だ。サーフィン愛好家としての意見は持っていても、海巡署の立場を守る必要はない。意図的に市民側の立場の人に議論を主導させることで、問題を市民目線でとらえることができ、市民も問題を自分事として考えることができる。

こうした手法は職場でのチーム管理にも有効だ。近年、ＩＴ企業などで流行している「クロスファンクショナルチーム」方式と呼ばれる手法だ。社内の各部門から専門分野の異なるメンバーを集めるほか、外部の人員に参加してもらうこともある。互いに足りない点を補いながら、共に仕事の目標達成を目指す。

異なる専門分野の間で、共通の価値を見つける

このクロスファンクショナルチームの手法は、一般企業の会議にも生かすことができる。会議を開く際、会社はそれぞれのチームから（あるいは異なる部門から）代表者を

一人選び、順番に、専門分野以外をテーマとした会議を開かせる。担当者はたとえその議題に詳しくなくても、参加者の議論をまとめなくてはならない。そのため謙虚な態度で参加者の話を聞き、さまざまな意見を引き出そうとするようになる。

昔ながらの企業の場合、たとえ部門をまたいで会議を開いてもこうはならない。一般には、企業の上司やテーマとなる分野を専門とする社員が会議を開くことが多い。しかし、その場合はたいてい似たような結果になる。上司が進行役の場合、立場の弱い部下は発言をためらい、なるべく上司の意見に逆らわないようにするだろう。上司の一声ですべてが決まってしまうのでは、真のコミュニケーションとはほど遠い。また、専門分野の社員が進行役の場合も、専門外の人は的外れな発言で嘲笑されることを恐れ、発言を控えがちだ。

専門外の社員が進行する場合、自分は人より知識が少ないことを明確にし、ほかの人から優れた意見が出たら、きちんと記録しておけばいい。また、参加する専門家たちも司会者にわかる言葉で話そうとするため、必然的にほかの分野の専門家たちにとっても理解しやすい表現になる。

今は、あらゆる面で分野の垣根を越えたコミュニケーションが必要な時代になっている。私たちが直面する多くの問題は、一つの専門分野だけの力で解決できるようなものではない。だからこそ「クロスファンクショナルチーム」と「ＯＲＩＤ」を活用し、ゆっくりと「満足ではないが、受け入れられる」という「大まかな合意」を形成していくことで、共に価値を生み出すことができる。

PART 3

私はこう学ぶ

――学びは自身への啓発

第10章

人は機械ではない

「役に立たない人」になるために学ぶ

２０３０年までに、世界では16人に一人が異なる職業に移行する必要があり、労働者の半数近くは新たな技能を身につけなければ職を失うと言われている。ＡＩ時代に、オードリーはなぜ「役に立たない人になるために学ぼう」と言うのか？

「役に立つ」からではなく、興味の赴くままに学ぶ

2021年2月にマッキンゼー・グローバル・インスティテュートが発表したリポートによると、新型コロナウイルスの流行により、リモートワークやeコマース、業務の自動化が一気に加速した。

同リポートによると、パンデミック以前、テクノロジーが労働市場に与える影響は中産階級に集中し、たとえ自動化が進んでも訪問看護や販売員といった低賃金の仕事はなくならないと考えられていた。だが、パンデミックは人と人の距離を変えてしまった。多くのサービスがオンライン化へと向かい、その影響は労働者の未来を直撃する。2030年までに、世界〔訳注：マッキンゼーのサイトでは、アメリカ、スペイン、イギリス、フランス、ドイツ、日本、中国、インドの8カ国としている〕では16人に一人が異なる職業に移行する必要があり、労働者の半数近くは新たな技能を身につけなければ職を失うと予測される。

劇的に変化する世界のなかで、人類はより多くの未知の現象に直面し、模範解答が見つからない場面も増えるはずだ。もはや個人の技能だけで時代の変化に対応するのは不可能だ。また、社会のあらゆる機能が機械に移行していくなかで、機械でもできることを一生懸命学んでも、いずれ挫折を味わう日が来るだろう。今「役に立つ」と思われている知識も、1年後にはテクノロジーに取って代わられ、その業界が丸ごと消滅している可能性もあるのだ。長い時間を費やして学んだ知識が、学校を卒業した途端に無駄になってしまうとしたら、学生たちの学ぶ意欲は大きく損なわれる。

オードリーが「子どもたちを『役に立たない人』に育てたい」と言う理由はここにある。

「役に立たない人になる」とは、あまり早くから特定の「用途」で自分を定義しないほうがいいという意味だ。学ぶ人を「モノ扱い」してはいけない。人は人であって「モノ」ではない。自分を道具とみなし、それにふさわしい技能を習得しようという考えは間違っている。

オードリーは荘子の『逍遥遊《しょうようゆう》』の一節を例に挙げる。大意はこうだ。恵施《けいし》が荘子に言った。「私の村に樗《おうち》の大木があるが、幹はこぶだらけで枝も曲がっている。木材としては使い道がないため、大工は見向きもしない」

それを聞いた荘子は答えた。「使い道がないと嘆くなら、その木を何もない広い土地に植えればよい。人々は木の下で涼み、のんびりすることができる。木材としては役に立たないからこそ、長年切られずにそこにあった。これはすばらしいことではないか？」

この荘子の言葉から学べることは何か。この世の多くのものは、何かの役に立つために存在しているわけではない。樗の木も、木材としては役に立たないからこそ大工に切り倒されることなく、生長して大木になれた。多くの人に涼をもたらし、心地よい時間を提供することも立派な用途なのだ。

ここで改めて考えてみよう。私たちはなぜ学ぶのか？　なぜ今の若者が学びのうえで挫折を味わうのか？　大きな理由の一つは、学びにおいて「役に立つ」ことに重点が置かれすぎていることだ。「役に立つ」ことの何がいけないのか。これまでの社会では、「役に立つ」ことはすばらしいことだった。役に立つ技術を身につければ、社会の需要に応じてそれを役立て、一生食べていくことができた。しかし、テクノロジーの時代においては、「役に立つ」ことの意義が疑わしくなっている。テクノロジーの進化はめざましく、これまで人の手で行われていた作業がどんどん機械に置き換えられているからだ。

荘子の話にあるように、人はモノに対して「役に立つ」ことを求める。使っていた金槌が壊れたら「使い物にならなくなった」と言うだろう。求められる機能を失ってしまえば、「役に立たない金槌」と呼ばれる。コンピューターが特定の用途を与えられたとき、それ以外の機能は備わっていないものと認識される。金槌やコンピューターと同じような考えで人を定義するのは、人を「モノ扱い」していることになる。

人が「モノ」のように扱われ、特定の機能のみで判断される場面は多い。その機能が時代の変化によって淘汰されたり、自動化されたりすれば、大きな挫折を味わうことになる。学びの動機が自分のなかからわき上がる興味ではなく、外から押しつけられたものだからだ。

学生でも社会人でも、何かを学ぶ途中で「壁にぶつかった」と感じる人が増えているのは、これが理由だ。苦労して技術を身につけても、明日にはより効率的な機械に取って代わられるかもしれないからだ。

学ぶ人を「モノ扱い」してはいけない。人は人であって「モノ」ではない。自分を道具とみなし、それにふさわしい技能を習得しようという考えは間違っている。

人に特定の「用途」を求めない

では、なぜ「役に立たない人」になるべきなのか？　子どもを「役に立たない人」に育てるにはどうしたらいいのか？

「十二年国民基本教育課程」〔訳注：台湾の教育課程〕を担う課程発展委員会（課発会）の委員を務めたオードリーは、次のように指摘する。旧来の教育には決まったシステムがあり、学習者はその教育システムのなかで学び、システムが求める水準に達する必要があった。外部の力により「学ばされる」状態とも言える。何年も学び続けたのにその業界が消滅したり自動化されたりして、挫折を味わうことになりかねない。

課発会は、学生たちの学習に対する興味をいかに引き出すかについて検討した。最終的に、最も重要なのは「自発性」であり、次いで「コミュニケーション」や「共好《ゴンハオ》」だと結論づけた。「自発性」が最重要である理由は、学生を教育システムの枠組みに縛りつけることが教育ではないからだ。教育課程綱要の策定にあたっては、学生たちの興味を引き出す方法が重要な課題となった。

たとえば、メディア関連課程で学ぶなら、ニュースを理解できるようになるだけではなく、素材を使った作品作りなど、メディア人材としての素養を身につけられること。データサイエンス分野なら、ビッグデータの読み方を学ぶだけでなく、学生自らデータを取れるようになること。

ある事柄を学ぶときに、特定の用途を想定することで学びの幅を狭めてはならない。法律を学ぶ目的は「役に立つ弁護士になるため」だけではないし、医学を学ぶ目的も「役に立つ医師になるため」だけではない。

現在、台湾の教育課程では小学校の工作や音楽、美術といった芸術系の科目をまとめて「生活課程」としている。教師には「指導する」という概念を捨て、児童に寄り添うことを求めている。児童一人ひとりの話に耳を傾け学習状況を観察する。子ども自身が何に興味を持っているかを堂々と表明することを奨励し、賞賛する。決して点数をつけて児童の優劣を決めることはしない。

必要なのは、子どもたちが夢中になれることを見つける手助けをすることだ。やがて学びのなかで自分の興味と社会の需要とを結びつけ、共通の価値を見いだせるようになる。そうなれば社会に親しみが持てるようになり、反社会的な人間にはならない。

親たちもまた、「指導する」という概念を捨てる必要がある。「子どもに模範解答を用意してやるよりも、子どもと討論するほうがずっといいのです」

オードリーは13歳になったとき、母親にこう言われた。「13歳はもう大人なのだから、これからは大人同士としてコミュニケーションをとりましょう」

大人と大人の間にはきちんとした境界がある。母親は、ある程度オードリーの後押しをしてやることはできるが、あとは本人の問題だ。友達にアドバイスはできても、それを聞き入れるかどうかは相手の問題なのと同じことだ。お互いすでに大人なのだから、自分の決断には責任を持たなくてはならない。相手を大人として扱うことによって「ピグマリオン効果」が生じる。相手が13歳の子どもでも、成熟した行動を期待し、大人として扱えば早く大人になるのだ。

だからこそ子ども自身に興味の対象を見つけさせ、学びたいことを学ばせるのが最も重要だと考える。大人はそばにいて基礎的な学習環境を整えるだけでいい。このような内から外へと広がる学びこそ、人間と機械との大きな相違点であり、機械では代替できないことだ。人を機械とみなしていなければ、ことさらに「役に立つ」ことを追い求める必要もない。

オードリーが「役に立たない人」を育てるべきだと提唱するのは、何もできない人を生み出せという意味ではない。人は機械ではないのだから、自分に特定の「用途」を見いだす必要はないという意味だ。つまり、機械学習の結果を「人工知能」と表現するのは妥当ではないと考えている。いわゆる「機械学習」とは、単に既存のデータから選択し、経験に沿って判断するだけのプログラムだからだ。

しかし、人間の思考とは単に経験をなぞるだけのものではない。もちろん、人間にも思考抜きで即座に反応する機能はある。たとえば、人の顔を見た瞬間に誰だかわかるというところは、まさに機械学習と共通する。「考える間もなく一瞬で反応する」機能は機械にたとえられる。

子どもに模範解答を用意してやるよりも、
子どもと討論するほうがずっといい。

共に作り上げた知恵から、新たな知識を探る

しかし、人間の脳内にはさまざまな考えを置いておくスペースがあり、それらの考えを意識的に総合して判断することで、アイデアやインスピレーションを生み出している。その取捨選択は、それぞれの主観や意思を伴う経験に基づいて判断される。これはＡＩにはできないことであり、人間と機械が決定的に違う部分でもある。

人間が機械に任せるべきなのは、機械の得意分野である「瞬間的に判断する」部分だ。「じっくり思考する」部分については、引き続き人間の脳を使うほうが望ましい。たとえば、自分の経験を誰かに話すとき、それは「相手にも同じような経験があるなら、互いに気持ちを通わせることができる」という意味になる。しかし、「私はこんな人間だ」とか「何学部出身だ」と自分を定義し、特定の範囲で線引きをしてしまったら、相手に交流の機会を与えないことになる。

SF小説の「カルチャー」シリーズでも、人類はどのように「役に立たない人」になるかという思考がなされている。作品内で、人類社会は「脱希少性社会」〔訳注：人類の理想の未来社会。わずかな労働力で多くの財が得られるような経済〕に入り、生活を維持するために必要な物資の生産は完全に自動化されている。このような社会で人類は何に時間を使うのか？　どうやってこの社会で「役に立たない人」になるか？　いくつもの作品のなかでこのような問題が投げかけられ、読者に思考のヒントを与える。今の私たちが生きる「希少性に価値がある社会」が、近い将来「脱希少性社会」へと変化しない保証はない。私たちの世代が多くの活動を機械に手渡してしまったとしたら、思い描くのはどんな未来だろうか。どうすれば機械と共に社会を作り上げていけるのだろう？　オードリーがたびたび語る「共好《ゴンハオ》」の概念は、「カルチャー」シリーズからインスピレーションを受けている。

彼女が一貫して「共感」と「共創」を強調する理由がここにある。自分を優れた道具にするために学ぶことは、人類にとって最も価値のある経験とは言えない。深い思考を必要としない活動は、すでに機械の手に渡りつつある。だが人類は、集団で共に作り上げた知識をもとに新たな知識を探索していく技術を持っている。これは機械には決して真似のできないことだ。

知識の習得はオンライン学習向き：実務の習得は集合してオフラインで

デジタルの時代、人はさまざまなデバイスとどのように付き合っていくべきか？オードリーの考えるデバイスのあるべき姿は、人と人の間にデバイスがあり、デバイスを通じてより多くの人とつながれることだ。つながるべき相手は機械ではなく人だ。オンラインゲームにはまり、現実世界を忘れて完全にバーチャルの世界に入り込むのと、ゲームを通じてより多くの友達と出会うのと、どちらがいいだろうか？

2020年のパンデミックにより学校が閉鎖され、急速に広がったオンライン授業がいい例だ。教室で授業を受けているとき、ぼんやりしていて先生の話を聞き逃したが、先生の目が怖くて隣の学生に聞けなかった。結局、授業についていけなくなり、さらにぼんやりするしかなかった。オンライン授業なら、わからなくなったら別のウインドウを開いてクラスメイトに質問することができ、後れをとることはない。

授業がオンラインになると、教師が「教室を監督したい」という欲求を捨てられさえすれば、学生にとっては学ぶ環境がより快適になる。リモートで数学の授業をする場合、学生に電卓の使用を禁ずることはできないが、その代わり単純計算に時間をとられることなく、根本的な数学の論理に重点を置けるようになる。授業中の計算など無意味なことだ。

リモート授業を進めるにあたっては、教師もまたデバイスとの付き合い方やプラグインの利用法などを改めて学ぶ必要がある。

リモート授業では学生が複数のウインドウを開いて同時に作業するのを禁止できない。教師はオンライン授業を盛り上げるために何ができるかを考える必要がある。

教室を監督することへの欲求が捨てられない教師は、「学生の姿が見えないと学生をコントロールできない」と焦ったり、「自分の映るウインドウは画面の端に追いやられていないか」と心配したりする。こうした欲求を捨てさえすれば、特に座学中心の教科においてリモート授業はとても自由で便利だ。学びの主導権は学生たちにあり、先生の話がわからなければ、チャットでクラスメイトに質問したり辞書を引いたりできる環境のほうが、かえって授業に集中できる。

特に、知識の習得が中心の科目はオンライン学習の効果が高い。映像をくり返し確認できるため、それぞれの学習ペースに合わせて知識を吸収できる。一方、実際に手や体を動かす必要のある事柄については、オンラインではなく集まって学ぶのが適している。農業理論の基礎的な知識を学ぶにはオンラインが適しているが、畑で肥料をまいたり種を植えたりするのは、畑に行って実践してみる必要がある。

最近の動画配信はますます便利になっているものの、同じ空間にいるという感覚を味わわせるのは難しい。技術がないわけではないが、一人1台のVR機器を所有させるには費用がかかるし、VR自体がまださほど普及していないからだ。アジアの国々の多くは、いまだに旧来の受験教育を行っているが、台湾の「108課程綱要」では各校の課発会や教師個人に権限を与え、これまで「実験教育」〔訳注：既存のカリキュラムにとらわれないオルタナティブ教育〕で行われてきた方式を正規教育にも試験的に導入できる体制を整えた。オンライン授業のための教材や指導法の準備が進んでいたことで、ほかのアジア諸国に比べ、台湾の教師はパンデミック期にも冷静に対応できた。

オンライン教育では時間と空間の制限を受けることなく、教師と学生がつながることができる。5G時代には、ネットにつながってさえいればどんな場所も教室になる。**リアルな空間で「先生が講義し、学生が拝聴する」という旧来の授業形式にとらわれる必要はもはやない。いかにデバイスやプラグインを駆使して学生たちと双方向のコミュニケーションをとるかを考えることで、リモート学習がさらに意義のあるものとなる。**

気軽に間違えられる空間を作る

オードリーはまた、「間違えてもいい」と思える空間を作ることも重要だと語る。生まれつき能力を持っている人はいない。彼女が英語を学んだ経験を例に挙げると、まず、英語で考えざるを得ない環境に自分を置いた。カードゲーム「マジック：ザ・ギャザリング」にはまっていたが、ほとんどのカードが中国語に翻訳されていなかっため、英語で考えるほかなかった。ゲームのネットコミュニティではみんなが英語で会話していた。チャットルームでは誰でも自由に発言でき、英語の文法が合っているかどうかなど気にする者はいなかった。

学校で英語を学んだ多くの人が、時制・スペル・複数形・過去完了など、正しい英語を使わなくてはならないと考える。しかし現実には、ネイティブスピーカーも話しているときに文法など気にしていない。オードリーが各国を巡っていろいろな国の人とコミュニケーションをとるときも、have been と has been の用法の違いなどどうでもよかった。たとえ間違っていても相手には十分通じた。

「この文型は正しいか、間違っているか」と考えてばかりいると、英語で会話をしているときも頭のなかでつねに正誤を判断している状態になるため、スムーズに言葉が出てこなくなる。だから、英語を話すときには正しさを求めないことにしている。間違っていたらいたで構わない。デジタル時代には、読書も学習も「一方的に受け取るもの」から「双方向に影響し合うもの」に変化している。書店の定義さえ変わりつつあるのだ。

第11章

空間思考の目覚め

真の成功は価値の共創から

真の成功とは、価値の共創により達成されるものだ。「人生とは勝ち負けを競い続けるレースである」という固定観念にとらわれていたら、社会は少数の勝者と多数の敗者に分断され、大半の人が敗北感にまみれながら日々を送ることになる。

読書の定義は変わりつつある

2020年4月、台湾の大手複合書店、誠品グループの呉旻潔《ウー・ミンジェ》（マーシー・ウー）会長がオードリーを訪問し、ある質問をした。「デジタル時代の読書について考えたとき、未来の書店はどんな機能を備え、どんな姿になっているのが理想でしょうか？」

このときオードリーは明快に答えた。「私たちは本や知識に対する認識をアップデートしなければなりません」

今の世代にとって、学習とはインタラクティブなものだ。ひたすら本を読むことで知識を得ていた時代とは違う。ディスプレイ上で本を読みながら、わからないことがあれば別のウインドウを開いて調べる。調べてもわからなければネットコミュニティで質問する。知識とは双方向で情報交換しながら得るものなのだ。「本」の定義すら変わりつつある。「フェイスブック」の名称は、アメリカの一部の大学で入学時に学生同士の交流のために配付される出版物に由来する。「ブック」とは、伝統的な意味での「本」ではなく、双方向性の高いコミュニケーションツールを意味する。

オードリー自身の本に対する認識も、伝統的な観点とは異なる。「私にとって『本』、つまり『書』とは『書くこと』を意味します」

通常、彼女は電子書籍をダウンロードして読む。読み終えると書評を書き、二次創作の作品を作り、本と対話する。大量の本を読み込むため、キーワードで内容を把握していく。それには紙の本より電子書籍が適している。紙の本だとキーワードや重要なポイントを見つけるたびに付箋を貼らなくてはいけない。いちいちページを覚えておけないからだ。電子書籍ならキーワードさえ覚えておけばすぐに検索できるので、スムーズに知識を蓄積することができる。

読書スタイルが変化している以上、書店の役割もおのずと変わっていく。未来の書店とは「みんなで作り上げる場所」であるべきだと考えている。「書」が読むための「本」ではなく「書くこと」を意味するなら、書店にもそれに合わせた役割が求められる。棚にきれいに並べられた本が、誰かに見つけられ読まれることをただ待ち続けるだけの場所ではない。読書を愛する人たちに、創作を通じた交流やさまざまな体験を提供する空間だ。

読書だけでなく、文字の意義すら変わりつつある。テッド・チャンのＳＦ小説『あなたの人生の物語』では、文字の意義は大きく転換する。異星人ヘプタポッドの文字は向きを変えるだけで意味が変わる。ただの線ではなく、空間感覚に満ちている。実は、このような変化は私たちの世界でも起きつつある。

伝統的な文字の書き方や文字そのものの性質には、「まえがき」から「あとがき」まで順序に沿って１本の線のように並ぶ「線条性」という特性がある。伝統的な意味での「読書」とは１本の線をたどるような行為だ。しかし現在のネット上に並ぶ文字、たとえばウィキペディアの文章は、１本の線ではなくネットワークの関係を構成している。キーワードをクリックすれば、別のページに飛んで読むことができる。キーワードからキーワードへとつなげて読んでいくなら、「まえがき」を読んだ直後に「あとがき」を読むことすらありうる。

文字と読書の変化により、これまで習慣になってきた考え方も転換を迫られている。20世紀に起きた第３次産業革命以降、人類は「直線型経済（リニアエコノミー）」時代に突入した。大規模な開発や採掘によって製品を大量生産し、使用し、廃棄するという直線的な生産消費スタイルで経済成長を追い求めてきた。その結果、地球の資源が急速に消費され、消費者の生活や生存環境までダメージを受けている。

ネットワーク時代の成功とは「一緒に完成させる」こと

2021年、第93回アカデミー賞で「作品賞」「監督賞」「主演女優賞」を受賞した映画『ノマドランド』は、アメリカのジャーナリスト、ジェシカ・ブルーダーの『ノマド：漂流する高齢労働者たち』（春秋社）を原作としている。直線型経済のもとで長年働いてきたアメリカの中産階級の人々が、中年以降、世界の大きな変化の波にのまれ、定住の地を持たないノマド生活を始めている。

本の内容は、アメリカで増えているという、キャンピングカーで生活しながら行く先々で短期の仕事を探して日銭を稼ぐ、「現代のノマド」の足跡をたどるものだ。著者はノマド生活を送る人々と寝食を共にし、語り合うなかで、直線型経済に幻想を抱き、心身共に疲弊していった中産階級の姿を描き出す。２００８年の金融危機に加え、デジタル化による経済システムの急速な変化がアメリカの中産階級を襲った。時代の激震の中心にいたのは、公務員や大学教授、ＩＴエンジニアなどの人々だ。所得が増えないまま消費意欲だけが刺激された結果、増え続けるローンと請求書が、まじめにコツコツと働いてきた人々を押し潰した。

本のなかで、あるノマドがこんな発言をする。「世間の常識どおりに学校に行き、就職し、懸命に働きさえすれば、すべてうまくいく。かつての世の中にはそういう社会的契約が存在していた。だが、そんな常識はもう過去のものだ」

生活や仕事が決められた軌道から外れ、右肩上がりの発展が見込めなくなったとき、彼らはノマドとなった。定住の地と安定した収入を捨て、家財のすべてをキャンピングカーに積み込み、移動しながら行く先々で仕事を探す、遊牧民のような生活だ。

本の最後で、著者はこんな疑問を投げかける。「近い将来、アメリカ社会にはどんなゆがみが――さらに言えば異変が――生じるのだろう？　はたしてどれだけの人が、アメリカの社会システムに押し潰されるのか？　そして、いったいどれだけの人が、脱出口を見つけられるのだろうか？」

マイケル・サンデルは著書『実力も運のうち　能力主義は正義か？』のなかで、こう述べている。「この概念は、労働について一つの考え方をも示している。市民的概念の視点からは、経済においてわれわれが演じる最も重要な役割は、消費者ではなく生産者としての役割だ。なぜなら、われわれは生産者として同胞の市民の必要を満たす財とサービスを供給する能力を培い、発揮して、社会的評価を得るからだ。貢献の真の価値は、受け取る賃金では計れない」

オードリーが「共創」の価値の重要性を強調し続ける理由もここにある。ネットワーク時代に必要なのは空間的思考だ。読書でも学習でも仕事でも、みんなが一つの空間に集まり、一緒に完成させるのが望ましい。上から下に命令するだけの古い職場関係では、他人に対する想像力が制限される。価値は共有されず、個人の経験の枠内にとどまり、挫折を味わうことも増える。真の成功とは、共に価値を生み出すことにより達成させるものだと考えている。

ソーシャルコミュニティの時代、
真の成功とは、価値の共創により達成されるものだ。

教育とは勝ち負けを競うことではなく、「受け入れること」

「人生とは勝ち負けを競い続けるレースだ」という固定観念にとらわれていたら、社会は少数の勝者と多数の敗者に分断され、大半の人が敗北感にまみれながら日々を送ることになる。

課発会が教育課程綱要の策定時に心がけたのは、教育に勝ち負けの概念を持ち込まないことだった。コミュニケーションを通じて共通の価値を見いだすことで「共好《ゴンハオ》」の状態を生み、全員で楽しむことを目指した。

試験の成績で競争させるような教育方法には何の意義もない。成績がいい人は、このレースで人より少し先を走っているだけにすぎない。スタート地点でくるりと向きを変え、自分の行きたい方向へ走り出す人も、どちらに進むべきか迷っている人も、あらゆる人を受け入れるのが教育だ。教育とはゼロサムゲームではない。

オードリーはすでに課発会の委員を辞しているものの、教育行政において「共好《ゴンハオ》」と「共創」の概念が生かされることを望んでいる。一方で、市民との対話のなかで「これは政策ではありませんから、条件を満たした企業や団体がいいとか、満たしていないから悪いということはありません」とも言っている。

PART 4

私は未来をこう見る

――リアルとバーチャルが共存するマルチバース

第12章

未来の世界はバーチャル化しない、リアルとバーチャルが共存する世界へ

民主主義的価値観において重要視される言論の自由や人権の概念を、どうやってネットワーク環境のなかに植えつけるかは、人類の未来にとっての大きな課題の一つとなっている。

未来のインターネットの世界における大きな課題

2022年4月28日、オードリーは台湾を代表して、アメリカをはじめ世界の50以上の国や地域の代表が参加する会議にオンラインで出席。「未来のインターネットに関する宣言」に署名した。インターネットとデジタル技術の未来図を示すもので、各国・地域がパートナーとして、開放的で競争力のあるプライバシーと人権に配慮したインターネット環境の構築を目指す。

世界中でパンデミックが猛威を振るっていた時期に、この宣言が採択された理由は何だろうか？　パンデミックにより日常の活動のオンライン化が進み、デジタル社会への転換が必然となったことは理由の一つだが、それ以上に重要な点がある。民主主義的価値観において重要視される言論の自由や人権の概念を、どうやってネットワーク環境のなかに植えつけるかは、人類の未来にとっての大きな課題となっている。

新鋭の歴史学者ユヴァル・ノア・ハラリは、著書『21 Lessons　21世紀の人類のための21の思考』（河出書房新社）のなかで、「デジタル独裁」の台頭が世界の脅威になるとしたうえで、現在の世界では二つの革命が起きつつあると指摘した。一つはバイオテクノロジー分野の進歩、もう一つは人類の情報処理能力がＡＩに掌握されつつあることだ。２０２０年7月、ハラリとオードリーはオンライン対談で、「デジタル独裁」により人類の「自由意思」が奪われる可能性について語り合った。

「デジタル独裁」は「未来のインターネットに関する宣言」が重視する概念の一つだ。インターネットの世界では、サイトごと、コミュニティごとに独自の規範がある。こうした規範はユーザーによって自然に作り上げられてきたものだ。「未来のインターネットに関する宣言」が示すビジョンも、各国・地域の代表が共同でインターネットを管理するといったものではなく、ユーザーが謙虚にルールを守りながら共同で管理する方法を模索していくものだ。インターネットに本来備わっている、多種多様なステークホルダーが共同参画し、管理していくシステムを守り続けなければならない。このシステムが破壊され細分化されれば、権力が集中し、多様なステークホルダーが排除される空間が生まれてしまう。

「デジタル集権制」と聞いて一般の人が思い浮かべるのは、現実世界に存在する集権国家だろう。しかし、実際には国家以外にも集権的な勢力は存在する。インターネットの世界でそうした勢力が掌握する権力の大きさは、もはや軽視できないレベルになっている。たとえば、フェイスブックのような巨大プラットフォーム運営企業で、一人の株主が株式の50パーセント以上を所有していたら、ルールの決定権はその人が握ることになる。現実社会における民主主義的な政治体制のもとでは、このような大きな権力を抑制する方法はいろいろある。選挙などによる政治参加、提訴、請願、あるいは地方の首長や立法委員に直訴することも可能だ。だが、インターネットの世界にはこうした手段は存在しない。言い換えれば、民主国家において規範の制定と普及は誰にでもできることであり、権力や財産を持つ者や情報を独占しうる者だけに与えられた特権ではない。

巨大プラットフォームは国家組織ではないが、少ない人数に政策決定権が過度に集中してしまうと、インターネットの世界にさまざまな集権体制が生まれかねない。それゆえ、「未来のインターネットに関する宣言」はインターネットの集権化に反対し、分散型の多元的な管理方式であるべきだと強調する。

デジタル世界にも人権と自由を

分散型の管理方式について、オードリーは「自分と相手、双方の同意でルールを定められる権限があること」と定義する。たとえば、ある作家がオードリーを取材する場合、インタビューの場所・記録の方法・公開するメディアなど、すべての条件を双方の提案と同意によって設定することができ、ほかの誰の同意も求める必要はない。インターネット世界の規範もこうした概念に基づいて作られるべきだ。

「メタバース」に対して人々が思い描くイメージは、一つの巨大なプラットフォームにさまざまな人々が集まり、その枠組みのなかで双方向にコミュニケーションをとるというものだろう。ユーザーがその場にふさわしいかふさわしくないかは、プラットフォームの管理者が決める。ユーザー自身の思いとは無関係に、プラットフォームの判断によってユーザーに退出を求める権利が管理者にはある。

オードリーがフェイスブックを「ナイトクラブ」と表現する理由がこれだ。このナイトクラブでは中毒性のあるお酒、すなわち広告を売っている。店内はとても騒がしく、静かに会話をしたければチップが必要だ。うっかり不適切な発言をすると、周りで聞いていた人は気にしていなくても、用心棒につまみ出される。あたりにはタバコの煙が立ちこめ、お互いの顔もよく見えず、相手の悪いところばかり目についてしまう。

オードリーは決してナイトクラブを否定しているわけではない。取材や討論がしたければナイトクラブのような場所ではなく、それにふさわしい空間を選ぶべきだという意味だ。その好例が、ここ数年流行しているポッドキャストだ。この優れた点は、オープンな技術により、誰でも簡単にラジオ放送局の局長になれるところだ。「ファーストーリー（Firstory）」や「サウンドオン（SoundOn）」などのアプリで簡単にコンテンツを配信できる。配信者がどのプラットフォームを使っても、リスナーはそれに合わせる必要はなく、「グーグルポッドキャスト」でも「KKボックス」でも使い慣れたアプリで聞くことができる。

もしコンテンツの利用を妨げるような広告が表示されれば、リスナーはすぐに別のアプリに乗り換えてしまうだろう。だから、バーチャルの世界はメタバースに向かって進んでいくと考えている。そこでは、プラットフォームとリスナーがどの技術を利用するかは完全に当人たちによって決定される。これを「エンドツーエンド原理」と呼ぶ。ふさわしい技術を選ぶのは末端の両者で、中間にいる誰かではない。

問題は、こうした優れたデジタルインフラが整っていない国では、「ナイトクラブ」を利用するほかないことだ。討論に適さない場所で討論をすることになり、周囲ではつねに誰かがあなたの注意を引きつけようとしている。だからこそ、自分と相手の間だけでルールを定められる権限を持つことが重要なのだ。

しかし、インターネット上のすべてのプラットフォームがポッドキャストと同じように、リスナーが利用するアプリを自由に選べたり、AVセレクターのようにボタン一つで機器を切り替えられたりするわけではない。インターネットの世界では地理的な位置の概念が薄いことから、ユーザーの「引っ越し」をあえて難しくしている。一部の技術はユーザーの「引っ越し」を妨害するために使われ、「加入するのは簡単なのに退会するのは難しい」サービスを生み出している。これも「未来のインターネットに関する宣言」にうたわれた保護すべき人権の一つだ。リアルな世界に「移動の自由」が存在するように、インターネットの世界にも同等の「移動の自由」があるべきだ。

決して巨大プラットフォームを処罰せよという意味ではない。ネット上での「転入」と「転出」の難易度を同じにすべきだということだ。一方で、別の問題もある。現在、特定のアルゴリズムが人間の心理的な健康に対して有害であることを簡単に証明する方法はない。一定の程度まで影響を受けるまで、あるいは関連する論文が発表されるまで、有害なアルゴリズムに気づくことができない。

リアルな世界には完成された統制方法が存在する。もしも食品や飲料に幻覚物質が含まれていたら、薬品管理や未成年保護などさまざまな面から取り締まる方法がある。しかし、ネット上のアルゴリズムによって生じる病的症状や依存症に関しては、化学品と同じように「成人の1日の使用量」のような制限をつける方法はない。現在は何の表示もない製品をみんなが使っているような状況だ。もし体調不良や病的症状が生じても、社会全体でそのコストを負担するしかない。

オードリーは、ふだんからアルゴリズムに対する知識や教養を養っていくことが重要だと考えている。インターネットの場合、禁酒令とは違い、「何ミリグラム以上は禁止」のように明確な数値で規制することは不可能だ。現実の世界では、私たちは自分の不動産を自由に売却したり贈与したりして処分することができる。

同じ理屈で、**インターネット世界での行い、特に他人との双方向での関わり方についての主権は、少数の巨大プラットフォームではなく、コミュニティとそこに属する個人のものであるべきだ。**

複数のサイトでのユーザー行動を追跡する「クロスサイトトラッキング」については、かつては「自分の閲覧習慣を人に知られたくない」というプライバシーの問題ととらえられていた。しかし、現在に至っては単なるプライバシーの問題ではなく、自主権の枠組みで考えられている。所有権や使用権を含む、「自分が誰とどの程度の情報を共有するか」を決める権限は、各個人のものであるべきだ。

私たちがインターネット上で優れた規範を作り上げ、アルゴリズムに対する教養を身につければ、ネット上での出店を規制されたり、クリエイティブ・コモンズ・ライセンスの使用を禁じられたりしても、ネット上の規範に基づいてユーザーが正しく抵抗することができる。注意すべきは、有害なアルゴリズムについて理解したければ、つねに一心不乱にスマホをいじっているというような、インターネット依存を招きかねない行動を改める必要があるという点だ。

自分の行動を自覚するには、自覚できるだけの余裕がなくてはならない。四六時中スマホをいじり、「いいね」を押したりシェアしたりしていれば、もともと脳内にあった情報は奥へと追いやられ、自分の力ではコントロールできない状態になる。悪意あるアルゴリズムが追い打ちをかけ、さらなるインターネット依存を招いてしまうだろう。

もちろん、有害なアルゴリズムを規制する基本的な規範が業界内で確立されることが最も望ましい。現実社会で有害物質の取得量に規制があるように、ユーザーにとってよりどころとなる基準ができることを望む。

デジタル・レジリエンスは、民主世界が正当性を維持するための基盤

一方で、こうも指摘する。法律も金銭もデータも、自然に集まってきて集中するという性質を持っている。データの集中が過度に進んだ世界で、もしそのなかにあなたのデータが存在しなかったら、あなたはすべての権利を剥奪されてしまうことになる。管理されたデータがあなたを認識しなければ、その範囲内では歩くことも地下鉄に乗ることもできなくなるのだ。

よほど特殊な社会状況でない限り、ここまでの状態に至ることはないだろう。とはいえ、未来の世界がこれ以上に深刻な事態になっていないと断言はできない。

現実の世界に存在する法律では、たとえば事件の容疑者が身柄を拘束された場合、訴えを起こして、拘束が合法か違法かを司法に判断させることができる。また、黙秘権や不服の申し立てといった権利があることは、正しく本人に告知されなくてはなら

ない。これは最も基本的な人権の保障だ。法律には強い集中性と強制力があるが、法律が想定していない個人や集団に対しても、救済の可能性が完全に失われることがないよう、長い時間をかけて数々のルールが作り上げられてきた。

しかし、データガバナンスに関しては、このようなルールはまだ確立されていない。「未来のインターネットに関する宣言」では、インターネット世界の規範は現実世界の法律より劣るものであってはならないと強調している。「自由民主国家をうたいながら、データに関しては独裁的だというのはおかしな話です。だから、少なくとも現実世界と同等の正当性ある規範が必要なのです」

インターネットが社会のさまざまな問題を迅速に解決できる理由は、多種多様なリンクから素早く情報にたどり着ける点にある。情報がある1カ所に集中すれば、インターネットの強靱性（レジリエンス）が失われてしまう。近年、ある紛争によってデジタル・レジリエンスが不可欠であることが明確に示された。ウクライナのデジタル改革担当大臣ミハイロ・フェドロフは、ロシアによるウクライナ侵攻開始後、インターネット通信を確保しつつ、サイバー部隊を創設してバーチャル世界でロシアに対抗することを決定。ネット上での動画配信などを通じて全世界の各方面に支援を呼びかけた。これは、ウクライナが時間をかけてインターネットのレジリエンスを強化してきた結果だ。

私たちはこれまで、デジタル・レジリエンスがこれほど切実な問題であるとは考えてこなかった。しかし、最近の地政学リスクや紛争によって、レジリエンスの強化こそが民主世界の正当性を守り続けるための重要な基盤であることが明確になった。実際に衝突が起きたときだけでなく、社会がさまざまな困難に突き当たったときのためにも、強靭で、開かれた、安全なインターネットが必要なのだ。

第13章

メタバースは私たちの未来か？

オードリーが提唱する「Plurality（多元性）」という概念。バーチャル世界は多元社会の延長にある。仮想空間内では個人がそれぞれ自分の社会を持っていて、自分が求める空間を自分でデザインすることができる。すべての決定権は、少数の巨大プラットフォームではなくユーザー自身にある。

マルチバースの核心は「共創と受容」

２０２１年10月、フェイスブックＣＥＯのマーク・ザッカーバーグは、年次イベント「メタ・コネクト」において、社名をフェイスブックから「メタ」に変更すると発表、今後はフェイスブックからメタバース事業に軸足を移すと表明した。

以降、「メタバース」の概念は全世界で大きな話題となった。メタバースという言葉自体は、１９９２年、アメリカのＳＦ作家ニール・スティーヴンスンの小説『スノウ・クラッシュ』(早川書房)に登場している。ザッカーバーグが言うメタバースとはネット上のバーチャル空間のことで、将来、誰もがそこで働き、交流し、エンターテインメントを楽しむようになるかもしれない。だが、『スノウ・クラッシュ』に描かれるメタバースは犯罪と侮蔑に満ちた空間だ。

物語のなかの現実はあまりに残酷で、人々はゴーグルをつけて仮想世界へと逃避する。仮想世界もやはり残酷なのだが、少なくとも現実社会よりはましだ。

ここ数年、メタバースは世界中で盛り上がりを見せている。理由の一つは、パンデミックにより、多くの人々が家のなかで過ごすことを余儀なくされたことだろう。むごい現実を目の当たりにしたとき、逃げ込める場所があるのは悪いことではない。だが、台湾で生まれ育った私たちにはそれほどまでに悲惨な現実を実感することは少ないし、24時間のうち20時間をメタバースに逃げ込んで過ごすような生活も想像しにくい。メタバースとは本当に人類世界の未来なのだろうか？　オードリーが提唱するのは、「共創と受容」の「マルチバース」の考え方だ。

マルチバースとメタバースとの違いは何か。通常、メタバースのイメージとは大規模プラットフォームに人々が集まり、プラットフォームが定めたルールを受け入れて楽しんでいるというものだろう。オードリーが提唱する「マルチバース」とは、多元社会の延長にあるものだ。仮想空間内では個人がそれぞれ自分の社会を持っていて、自分が求める空間を自分でデザインすることができ、すべての決定権はユーザー自身にある。

その中核をなす価値観が「受容」だ。リアルとバーチャルを共有し合い、オンラインでもオフラインでも、個人が自主性を保ちながら相互につながることができる。オードリーは会議や教育分野でのVRの活用を推進している。VRは、人と人とが現実を共有するために利用してこそ意義がある。ゴーグルをつけたら現れる自分だけの世界に入り込み、他人とコミュニケーションをとらず、視点や経験を共有しない、そんな使い方では意味がないのだ。

マルチバースのもう一つの中核は、それぞれが「共創」の自由を持っていることだ。人と人とのコミュニケーションのモデルは、互いに協同して作り上げていくものであり、少数の人がその権限を持つのではない。

ユヴァル・ノア・ハラリはオードリーとの対談のなかで、「人間以上にその人間を理解するAIが登場したとき、人々はAIの意見に過度に依存するようになり、最後にはAIの言いなりになってしまうかもしれない」との懸念を示した。それに対し、オードリーは次のように答えている。「本来、世界は多元的なものです。あなたに何人もの人生の師がいて、それぞれが新しい知見を与えてくれたら、さまざまな意見を吸収して成長することができる。やはり重要なのは多元性です。あなたより物知りな師がいることよりも、複数の師がいることに価値があるのです。子どものころ、たいていの大人は自分よりも物知りでした。でも、もし自分が信用する大人に『ほかの誰とも付き合ってはいけない』と言われたら、それはとても不幸なことです」

これまでになかった新しい概念が生まれたとき、すぐさま自動的に古い概念に取って代わられるわけではない。まずは双方を同じ基準で見比べることが必要だ。暗号資産のビットコインを例に挙げてみよう。多くの人がビットコインのことを、放っておけば勝手に価値が上がる投機的な通貨とみなしている。１６３７年に金融市場を揺るがした「チューリップ・バブル」のときも似たような状況だった。あるオランダの商人がオスマン帝国からチューリップの球根を輸入し、栽培を始めた。当時、チューリップは稀少だったことから球根の価格が高騰。チューリップの球根を所有していることは金持ちの象徴となり、投資家たちが投機のために市場で取引するようになった。その後、価格は突如として暴落。近代ヨーロッパの「３大バブル」の一つに数えられることになった。

暗号資産の台頭は、通貨の秩序の崩壊を招くと考える人は多い。しかし実際には、分散型台帳の技術によって一定程度、相互に協調した運用が可能になっている。暗号資産も各国の中央銀行と同じような力を持っているのだ。

ビットコインが中央銀行よりも特別に優れているわけではないし、現在の通貨に取って代われるほどの信頼性もない。しかし、万一政権が危機に陥り、とんでもないペースでインフレが進むような事態になったら、ビットコインの信頼性は中央銀行を上回ることになるだろう。

ある国の通貨の信頼性が著しく低下した場合、貨幣の暗号化は助けになるかもしれない。少なくとも、明日貨幣の価値がゼロにはならないことを意味するからだ。

現在の台湾では投機やレバレッジ取引決済に比べると、暗号資産決済の有用性は低い。もちろん、明日台湾ドルの価値がゼロになることもない。「明日も中央銀行は潰れません。だから全財産を暗号資産に換える必要はありません」

それでも、国際決済がより簡単になるといった新たなメリットは注目に値する。中央銀行も暗号資産も、いずれも信用力の高い通貨だ。「中央銀行が危ないからビットコインに換えよう」などと考える必要はない。

DXの波に流されない

オードリーが重ねて強調するのは、「テクノロジーとの上手な付き合い方を学ぶ必要がある」という点だ。インターネットを生かして人脈を広げるといったように、テクノロジーをうまく使いこなすことが重要だ。人権など、人類にとって価値あるものを捨て、テクノロジーに使われるようではいけない。それは足を削って靴に合わせるような行為だ。インターネットの世界に人間関係のルールが適用されなければ、反社会的な行為が横行し、やがて人はテクノロジーの奴隷になってしまう。

近年、多くの企業がデジタルトランスフォーメーション（ＤＸ）について検討を始めている。デジタル時代の需要に合わせ、デジタル化による企業の組織改革を積極的に進めようというねらいだ。しかし、依然としてＤＸに対する理解が不足していることが、組織改革の過程での混乱や衝突の原因となっている。

DXの本来の目的は、作業プロセスや業務モデルの転換だ。単に使用するツールを変えたり、なんでもかんでもペーパーレス化や電子化をしたりすればいいというものではない。

たとえば、お互いに顔を合わせて進めるのが最も効率的な業務があったとして、それをオンライン化した場合、本来なら業務の進め方そのものを変える必要があるのに、オンラインツールに今までのやり方をそのまま持ち込もうとしてしまう。「これでは、二つの世界の最もダメな部分を合体させるようなものです」

これには二つの原因がある。一つは、働く人が古いシステムや業務習慣を捨てられないこと。一部の窓口業務など、残さざるを得ないものもあるからだ。もう一つは、デジタルツールを使って旧来の業務フローを再現しようとするだけで、結局問題の解決に結びつかないこと。これではDXは非常に困難だと言わざるを得ない。みんなが時間を作って新しいシステムの使い方を学ぶ必要があるのは言うまでもないが、せっかく新しいシステムを導入しても負担が解消されないとしたら、これはとても不幸な状況だ。

オードリーはこう提案する。DXを進めるにあたっては、これまでの業務フローのなかからくり返しの単純作業を洗い出し、まずはそこを自動化する。深い思考を必要としない作業は機械に任せてしまうのだ。その一方で、デジタルツールをうまく活用して新しい業務フローを作り出す。たとえば、全員の業務内容をオンラインホワイトボードに書き込んで可視化する。こうしたツールはリモートワークにも適している。みんながコミュニケーションをとりながら業務を進められる、非常に便利なものだ。

本物のホワイトボードなら、同時にそれを囲んで討論できる人数は限られるし、会議の参加者全員がオフィスに集まらなくてはならない。オンラインのデジタルツールなら、数千人が同時に会議に参加できるし、定期的に通知を受け取って内容を確認するといった使い方も可能になる。

リアルでもオンラインでも、この空間では誰でも同時に貢献できる。この状態を作るには二つの段階がある。まずはツールを用意すること。「ミロ（Miro）」のようなオンラインホワイトボードをはじめ、さまざまなテクノロジーを活用して「ＷＯＬ」や「カンバン方式」などのスタイルを構築する。

次に必要なのはトレーニング。デジタルツールに不慣れで、メリットをあまり理解していない人に「古いやり方を捨てろ」と言っても、どうしたらいいか戸惑うばかりだろう。きちんとトレーニングをして基礎を固めないまま、やみくもにツールを導入してもうまくいくはずがない。

現在のＤＸにおける問題は、みんなが「紙」ベースで考えることに慣れすぎていて、紙でやっていたことをデジタルで再現しようとすることだ。数千人のメンバーを十人一組のチームに分け、ツール利用を許可する権限を持っているのはチームのリーダーだけといったやり方では、単に「デジタルツールを使っている」だけでＤＸとは呼べない。

本当のＤＸとは、デジタルツールを生かした業務フローによって、時間や場所や想

像力の制限を取り払うことを意味する。誰でも自由に、無駄な時間を使わず、低リスクで仕事ができるようになるのが理想だ。

ツールを導入さえすればＤＸだと勘違いしていたら、新たなツールによる別のリスクが生じ、かえって時間を浪費する結果になりかねない。

もう一つ重要なのは、現在あちこちで飛び交う「ＩoＴ」「ＶＲ」「ビッグデータ」「機械学習」といったデジタル用語に惑わされないことだ。こうした言葉はたいてい「生活や仕事をよりスマート化させるすばらしいツール」という立場で語られる。そのときに軽視されがちなのは、スマートシティにスマートな住民がいるとは限らないし、スマートな人がスマートシティに住むとも限らないという事実だ。

結局のところ、正しい価値観をもった賢い市民であることがすべての根本になる。正しい判断のできる賢い市民なら、スマートシティに過度に依存し、テクノロジーの奴隷になることなく、ツールをうまく活用して、人類にとって重要な価値を残すことができるはずだ。

第14章

未来の働き方

斜槓より単槓が尊敬される時代

ジャンルの異なる複数の職業を持つ「斜槓族《シエガン》」は、もはや当たり前の存在となった。しかしオードリーは、一つの専門分野を追求する人、すなわち「単槓《ダンガン》」こそが特別な存在として尊重されるようになると考えている。一つの分野に専念し、徹底的に掘り下げていける人は決して多くない。数が少なければ、それだけ重視されるはずだ。

好奇心を持ち続けること

2007年、『ニューヨーク・タイムズ』紙のコラムニスト、マーシー・アルボハーの著書『One Person/Multiple Careers : The Original Guide to the Slash Career』（未邦訳）が出版された。漫画家・ドキュメンタリー監督・経営コンサルタントなど、複数の職業を持つ数百名を取材したものだ。彼らは一つの職業では満足できず、いくつもの職業を掛け持ちしている。自己紹介をするとき、複数の肩書きや身分、収入源があると示すために、職業をスラッシュで区切って並べることから、「スラッシュワーカー」と呼ばれる。

この言葉は当初、ベンチャー業界や若者の間で流行したのち世界的に広まっていった。よりよい働き方や生き方を模索する多くの若者だけでなく、ベテランの労働者にも影響を与えた。長年、生活を犠牲にして必死で働いてきた彼らが、自分のやりたかったことを思い出し、生活の充実を求めて副業を始めるようになった。

普通の人からすれば、オードリーこそ「スラッシュ族」（中国語で斜槓《シエガン》族）の代表に見えるだろう。14歳で学校を中退したのち、独学をしながら仕事を始め、一般的な人よりおよそ10年も長いキャリアを持っている。豊富な業務経験からいくつもの肩書きがある。デジタル担当大臣であり、市民ハッカー。右手でプログラムを書き、左手で詩を書く。政府職員であるほかに、世界の七つのＮＧＯにも参加している。

オードリーの名刺に所属する組織を書こうとすれば、肩書きが七つも八つも並ぶことになる。彼女は14歳のときから、「ネット上では、人はなぜすぐに相手を信頼したり憎んだりするのか」というテーマに深い興味を抱き、研究を続けてきた。しかし、このテーマはあまりに大きく、また参考にできる研究もなかった。そこで、自分でプログラムを書いていくつものコミュニティを立ち上げ、そのなかで人々がどう関わり合うかを観察したり、別の人が作ったコミュニティに参加したりするようになった。多くの国際ＮＧＯに参加する理由がそれだ。

いかにも「スラッシュ族」に見えるが、実際には「単槓《ダンガン》」〔訳注：中国語では体操競技の鉄棒の意〕、つまり一つのテーマを徹底的に追及するタイプだ。14歳から今に至るまで、テーマを変えることなく研究を続けている。名刺に肩書きではなく研究テーマだけを書くなら、そこにスラッシュは入らない。

オードリーが参加する七つのNGOは、オランダ・ニューヨーク・スペインなどを拠点としているため、それぞれの土地に社会的なネットワークを持っている。七つのNGOが理事会を開くのは多くて四半期に一度、あるいは半年に一度くらいだ。オードリーにとっては、時間的な負担は少ない割に大きなメリットがある。NGOごとに異なる人脈ができ、互いに力を貸し合ったり、知識を共有したりできることだ。「パンデミック後の世界はどう変わるか」といったテーマや、長年研究してきたテーマについて討論すれば、七つの異なる視点からの意見を聞ける。今までとは違う視界が開け、新たな世界に触れることができるのだ。

もはや「スラッシュ族」はごく一般的な働き方になっているが、数年も経てば、職業や肩書きではなく、探求するテーマそのものがアイデンティティになる時代が来ると考えられる。かつての「一つの会社に勤め上げる」という考えはもはや消えつつあるし、退職金も期待できない。そんな時代だからこそ、会社から与えられた肩書きではなく「自分が何に興味を持ち、何を専門にしているか」によって評価されたいと考える人が増える。専門分野を追求する人、すなわち「単槓」こそが特別な存在として尊重されるようになるだろう。一つの分野に専念し、徹底的に掘り下げていける人は決して多くない。数が少なければ、それだけ重視されるはずだ。

では、「スラッシュ族」としての能力を磨くにはどうすればいいのか。まずは、とにかく好奇心を持ち続けることだ。好奇心の向く方向と、実際に何を学び、どんな技能を習得するかは直接の関係があるわけではない。何か一つのことに興味を持ったら、その背後には無数の技能と学問が存在する。好奇心とは、ただ単に疑問の答えを見つけることではない。大事なのは好奇心を失わず、探求し続けることだ。

会社から与えられた肩書きではなく「自分が何に興味を持ち、何を専門にしているか」によって評価されたい。

本業以外のコミュニティに、20パーセントの時間を使う

今の時代は程度の差はあれ、誰もが「スラッシュ族」の一面を持っている。これはテクノロジーの恩恵によるところが大きい。かつてはチャンスや人脈を手に入れるために今の仕事や家庭を犠牲にせざるを得なかったが、現在では多くの人がネット上でチャンスや人脈をつかんでいる。これも「スラッシュ族」が増え続ける一因だ。

オードリーは「職業だけでなく生活にもスラッシュを入れよう」と提案する。今、あなたが専業で働いているとしたら、自分のために20パーセントの時間を確保し、本業以外のコミュニティにその時間を使う。そうすることで少しずつ新たな人脈や専門知識を手に入れることができる。

決して複数の収入源を持つべきだという意味ではない。本業以外に自分を見つめ直

したり、興味のあることを楽しんだりする時間を作ろうという話だ。

自分のための時間を作ることは、現在の仕事にもメリットがある。今の時代、どんな仕事をするにもジャンルを超えた「クロスオーバー思考」が求められるようになっている。スラッシュ生活で得た経験は、本業でも意外な発想や気づきのもとになるかもしれない。オードリーがスペインのＮＧＯに参加しているのは、ＥＵやＯＥＣＤとのつながりがあるからだ。台湾はこれらの組織の会員ではないため、「行政院のデジタル発展相」という立場では活動に関わることができない。しかし、ＮＧＯのメンバーという立場でなら参加できる。これは最大のメリットだ。

本業の仕事がすっかり嫌になって、ある日突然行方をくらましたり、世界一周の旅に出てしまったりする人がいる。だが、長い間カゴのなかに閉じ込められていて、急に扉が開いたらどうなるか。たいていの人は世界の広さに驚き、どこへ行くべきか見当もつかない。世界一周の旅に出たとしても、帰ってきたあと、次の一歩の踏みだし方がわからない。

こんなとき、**本業以外のコミュニティで作り上げた人脈があれば、休職しようと退職して旅に出ようと、自分を受け入れてくれる場所は必ずあると信じられる。行くところがあると思えば、迷って呆然とすることもない。**

趣味の追求や人脈の拡大のために20パーセントの時間を確保していれば、仕事を辞めたとき、それが60パーセントに増えたり、次の仕事につながったりすることもありえる。これまでの仕事の価値が損なわれるわけではなく、同じ価値を生むために進む方向が少し変わっただけなのだ。

仕事は競争関係ではなく、パートナー関係

職場では誰もがつねに「競争力」を意識している。長江の波が前の波を押し進めるように、より若くて能力のある人が現れては、世代交代が進んでいくものだ。だがオードリーは「自分の能力は補助的なものだから、自分がチームに入ることで誰かが追い出されることはない」という意識を持っている。同様に、オードリーが属する

チームでは、誰かが新しく入ってきたことで彼女が追い出されることもない。誰もが互いに補い合い、協力し合う存在だと考えているからだ。

協力し合う能力に長けた人は、年齢にかかわらず、どんな道を進んでいても経験が増すにつれてチーム全体への貢献度が増し、価値を生み出し続けることができる。

自分のために使う20パーセントの時間は、別のメリットももたらす。本業以外のコミュニティでできた友人が、新しい職場の同僚になる可能性もある。そうなったら職場にはすぐに慣れるし、新しい人間関係も築きやすくなる。20パーセントの時間を使って次の一歩のための準備をしておけば、どんな仕事に転職しても、受け入れてくれるコミュニティがあるはずだ。

また、20パーセントの時間で築き上げた第2の専門分野は、職場での交渉の切り札になりうる。「上司に退職を引き止められたら、交渉の余地は格段に広がります」週に何日かのリモートワークを申し出ても、きっと了承してくれるはずだとオードリーは言う。もし了承しなければ、あなたが次の仕事を見つけてしまうだろうということを上司は知っているからだ。

では、20パーセントの時間を生かして第2の専門分野を得るためにはどうしたらいいのか？　オードリーがすすめるやり方は、自分が知りたいと思うことを研究テーマにすることだ。それが探求の入口になる。日々急速に進歩するテクノロジーの影響で、将来多くのルーティンワークが自動化によって消滅すると、数々の研究リポートが示している。オードリーいわく、未来の社会では労働を強制されることはなく、働かなくてもいい時代が来るという。

だが、働く必要がなくなっても、やはり働きたいという人は多いだろう。働くことで人とのつながりや達成感、自分の価値を手に入れることができるからだ。テクノロジーの進歩によって仕事が消滅するのではなく、仕事の選択肢や自由度がますます高まると考えればいい。リモートワークが広まったことで、現地へ行かなくても仕事ができるようになった。人より秀でた専門技術を一つ持っている人、長期にわたって一つの分野を探求している人は、世界中から働く場所を選べる時代になっている。

生活にスラッシュを入れてさまざまなことに挑戦しつつ、最も興味のある分野への探求を深めることで自分の価値を高めていく。それこそが、今の時代に必要な能力だ。

20パーセントの時間を使って次の一歩のための準備をしておけば、どんな仕事に転職しても、受け入れてくれるコミュニティがある。

おわりに

自分の心を知れば、アルゴリズムに意思決定権を奪われずにすむ

ネットの海は果てしない。どんな知識も簡単に手に入る。そんな時代にオードリーは独自の知識体系を築き上げてきた。日々複雑化する世界に直面しながらも、情報の海に錨を下ろす方法を知っている彼女は、世界の混乱に右往左往することなく、自分の望む方法で前に進むことができる。

他人の尺度で自分を測ってはいけない

SF作家のテッド・チャンの小説『不安は自由のめまい』（短編集『息吹』収録、早川書房）に描かれる未来では、人類は量子力学でいうところのパラレルワールドと通信できるようになっている。「プリズム」と呼ばれる機器を使い、パラレルワールドの自分と会話ができるのだ。そこで「セルフトーク」という会社が、もう一人の自分と会話できるサービスを始める。顧客は席について通信機器を立ち上げるだけで、文字や言葉や映像を通じて、もう一つの世界にいる自分と存分に語り合うことができる。

興味深いのは、もう一人の自分と向き合ったとき、誰もが「自分が過去にした決断は正しかったか、もし間違った選択をしていたらどうだったか」を問うことだ。もしあのときA君と結婚していたら、今ごろもっと幸せになれていただろうか。それとも、もっと不幸になっていただろうか。そこで通信機器を通じて、A君と結婚した自分に幸せかどうかを尋ねる。

転職して給料は上がったものの、時が経つにつれ仕事に幻滅しはじめた者もいる。あのときもし転職せずに同じ職場で働き続けていたら、人生はもっとよくなっていただろうか、それとも悪くなっていただろうか。そこで前の職場で働き続けた自分に話を聞くと、なんと、もう一人の自分は昇進していた。

テッド・チャンが追求しようとしたのは、こんな疑問だ。「量子力学でいうところのパラレルワールドが本当に実在するなら、私たちがこの瞬間に下す決断は無意味なのだろうか？　あなたが何をしようと、それと反対の行動をとった別の宇宙がつねに存在するのだから」

この疑問に対し、彼はこう結論づける。「パラレルワールドが実在しても、それは私たちの決断すべてが打ち消されることを意味しない」

無数のパラレルワールドにいる自分がそれぞれ違う選択をしていたとしても、今この瞬間に下した決断にはやはり意味がある。なぜなら、個人の性格はその時々の選択によって形作られていくものだからだ。

「多世界における多数のマルティン・ルターたちを調べることができたとしても、教会に反抗しなかったルターを見つけるためには、はるか遠くまで探しにいかなければならないだろうし、その距離の遠さは、彼がどういう人物だったかについて、なにがしかを物語っているはずだ」(『息吹』早川書房)

子どものころ、いじめに遭ったことで独学の道を選んだオードリー。中学を中退後、コツコツと作り上げてきた独自の知識体系が今の彼女を作り、世界との向き合い方の基盤となっている。オードリーは「素早く(Fast)、公正に(Fair)、楽しく(Fun)」という「三つのF」を心がければ、「共創」と「共好《ゴンハオ》」が実現できるとしている。

パラレルワールドのオードリー・タンがいじめを受けず、楽しく勉強して、学校では優等生だったとしたら、まったく違う人生になっていたのだろうか? おそらく、中学に入学したオードリーは、やはり独学の道を選んでいただろう。幼いころからの膨大な読書量と繊細な観察眼、開放的な性格に加え、さまざまなコミュニティに積極的に参加して自分の才能を熟知していた彼女には、他人の尺度で自分を測る必要がなかったからだ。「順位のプレッシャーがなくなって、初めて自分の進むべき方向が見えてきました。順位は他人がつけるものであり、それにとらわれることは、つまりは他人が示した道を進んでいるに等しい。そうなっていたら、今の私はありません」

自分自身を正しく理解しているオードリーは、未来について思考する際、次々に登場する新しいテクノロジー用語に困惑することも、他人の定義に振り回されることもない。「メタバース」「ＮＦＴ」「機械学習」「ＡＩ」「ビットコイン」といった言葉を、私たちは新たなビジネスチャンスや投資方法、あるいは人間を脅かすものとして認識する。しかし、彼女はつねに自分で作り上げた尺度によって物事を測るため、表向きの姿に惑わされることなく、まっすぐに問題の核心を指摘できる。

オードリーが指摘する核心の方向性は一貫している。「共創」と「共好《ゴンハオ》」だ。それこそが人類社会を持続可能にする方法だと信じている。特に「共創」について、こう強調する。「私が新しいものを作る目的は、後世の人々がより簡単に新しいものを生み出せるようにすることです。完璧なものを作り上げて、次なる創造の芽をつむことではありません」

オードリーにとっての「共創」と「共好《ゴンハオ》」は、仕事に限った話ではない。大勢の意見を聞いて有益な知恵を集め、合意を形成して、塔を建てるように協働して一つのことを成し遂げる。テクノロジーやツールは作業効率を上げるための補助としてうまく活用するものであり、機械に合わせるために人類の価値が損なわれることがあってはならない。

創作の素材として自分の作品を開放する

「共創」と「共好《ゴンハオ》」は、オードリーの創作上の理念でもある。自分が語った言葉を許可なく自由に「二次創作」して構わないと公言している。以前、ある飲料メーカーが、生産する飲料のパッケージに著名人の名言を載せることを企画。オードリーに関する書籍に書かれていた言葉を使用したいと、本人に許可を求めた。

これに対し、こう答えた。「『SayIt』〔訳注：オードリーが立ち上げた、政府内組織のメンバーの対談や講演、インタビューの内容を公開しているサイト〕をよく読んでください。『すべての著作権（人格権を含む）を放棄する』と書かれています。だから私の許可をとる必要はありません」

担当者はさらに尋ねた。「せめてサインをしていただけませんか？」「私のフリッカー（Flickr）で中国語と英語のサインを公開しています。著作権も放棄しています」

つまり、オードリー本人の許可を得ることなく、自由に使っていいということだ。

「**もし私が細かくチェックしていたら、私の想像力を超えた創作は決して生まれないでしょう。言葉を引用するだけでなく、創作の素材にしてもらえたら、私にとってその素材はより意義あるものになります。**著作権法により、作者の死後70年が経過するまでは著作権が守られ、二次創作に利用することはできません。でも、私の創作物に関しては、発表した直後から、死後70年経ったのと同じように誰でも自由に使えます」

なぜ二次創作を推奨するのか？

「私は創作をしているとき、とても楽しいので、みんなにもその楽しさを味わってほしいのです。著作権料を払えないからと残念な思いをしてほしくありません」

オードリーの創作活動のモチベーションは「楽しみ」であり、他人に認められることや著作権収入を得ることが目的ではない。

また、彼女が広く共有しようとするもの、たとえば情報や知識、あるいはクリエイティブ・コモンズのような活動は、加わる人数が多いほど価値が高まる。創作の観点から見れば、他人を排除して一部の人間で権利を独占しようとすると、かえって余計なエネルギーを使うことになる。誰も排除せず、広く公開してしまうのが最も手間のかからないやり方なのだ。

利用の観点からも同様のことが言える。誰が素材を使おうと、それぞれがコピーをとろうと、ほかの人の使える分が減るわけではない。むしろコピーを手に入れた人同士で討論することで、より多くの学びを得ることができる。これこそが知識の特性だと彼女は考えている。

情報や知識を独占せず、無償で広く提供してこそ、「共創」「共好《ゴンハオ》」は永続できる。これは人類が未来と向き合うときに重要な考え方の一つだ。人と人とのつながりは、

現在においても機械では決して代替できない部分だからだ。

「与えること」は「所有すること」より価値がある

これまで多くの価値は個人の社会的地位や経済状況、いわゆる「地位財」を基盤として生まれてきた。それゆえ、不必要でぜいたくな旅行や消費にこそ価値があった。しかし今の時代、あまりにぜいたくな消費活動にはＳＮＳでの高評価が集まりにくい。画像加工がうまい人なら、世界一周の旅を偽装するのも難しいことではないからだ。古い価値観に基づく、目に見える価値が評価されることはほとんどなくなっている。

この時代、価値の方向性は変わりつつある。まずは「与えること」が基本になっているのだ。たとえば、今の若い世代は気候変動などの問題に対し、「新たな循環経済を生み出すためにどれだけ尽力できるか」といった視点から自分の価値を見いだしていく。「どれだけ所有するか」ではなく、「どれだけ与えられるか」という視点で考えるようになっている。

「与えること」から始めることで、より多くを手に入れられるとオードリーは考えている。天才と称されても、実際には平凡な一人の人間だ。どんなことも簡単に習得して、ずば抜けた結果を出しているように見えても、陰では多くの努力をしている。

ネットの海は果てしない。どんな知識も簡単に手に入る。大人にも子どもにも、知識を追求する方向を見極める力が求められている。そんな時代にオードリーは独自の知識体系を築き上げてきた。日々複雑化する世界に直面しながらも、情報の海に錨を下ろす方法を知っている彼女は、世界の混乱に右往左往することなく、自分の望む方法で前に進むことができる。

ユヴァル・ノア・ハラリはかつてこう語った。「アルゴリズムがすべてを決めてしまうようになる前に、人類は自分自身をよく知っておかなくてはならない」

オードリーの功績は山ほど語られているが、その陰に隠れたたくさんの失敗も参考に値するものだ。インターネットの時代、彼女が示してくれるやり方で自分の現状と未来の行く末を改めて考えてみることで、仕事にも生活にも、世代間のコミュニケーションにおいても、多くの発見と収穫があるはずだ。

パンデミックを通じて新たなテクノロジーが次々と生まれ、仕事も生活も劇的な変化に見舞われている。旧来の直線的思考に基づく教育や仕事のモデルでは、もはや新たな世界に適応できなくなっている。幼いころに独学を始めたオードリーは、早くから未来に向き合う準備ができていた。彼女の考え方・本の読み方・働き方・世界の見方は、直線的思考から空間的思考へと進化した。まるで未来から来た客人のように、未来から現在を見つめ、オープンで透明性の高い方法で思考をシェアしてくれる。

本書は、オードリー・タン個人の学習歴と生活経験から、仕事・学習・行動を見直すヒントを与えるものだ。働き方や学び方から、親子のコミュニケーションのとり方まで、古い枠組みを打ち壊すきっかけが見つかるに違いない。

後記

オードリー・タンの一問一答

オードリー・タンは頭の回転が速く、質問をすると即座に、簡潔かつ奥深い答えが返ってくる。この一問一答は、取材中にきらりと光った言葉を拾い集めたものだ。本書に収め切れなかったが、捨て去るには惜しい言葉たちをまとめた。

Q1

もし未来を知ることができたら、未来を変えたいと思いますか？

A 思いません。未来を均等に行き渡らせる、ただそれだけです。

Q2

今の時代、あらゆることが機械化されています。人類の未来はどうなると思いますか？

A ＳＦ小説を読みましょう。

Q3

ＳＦ小説に描かれた未来もさまざまですが、人類の未来はどんな状態ならいいと思いますか？

A 後世の創造により多くの可能性が残されている状態です。

Q4

小説が想像力を育ててくれたのですね。

A 私が読んでいたのは英語の小説です。物語のなかに出てくる詩まで自分で訳していたことで、作者との対話が深まりました。

Q5

以前「4、5回ほど起業してから、初めて起業の仕方がわかった」と言っていましたね。起業する人にアドバイスはありますか？

A あります。できる限り顧客を自分の「パートナー」にすることです。これは私がのちに学んだことです。

かつて、アイデアとは特許のようなもので、あなたのアイデアを実行できるのはあなただけ、それがぴったりとはまる市場を自ら探していくというものでした。でも今は違います。あなたのアイデアは兵法でいうところの

「レンガを投げて玉《ぎょく》を引く」、つまり、拙い意見を叩き台に価値ある意見を引き出すためのものです。アイデアを批判したり否定したりする人がいたら、その人を仲間に引き込み、一緒により優れたアイデアを考えるのです。

かつて、顧客はあなたの製品を通じてしかあなたを知れなかった。でも今は、あなたを知る方法は多種多様です。製品を通じてあなたのやりたいことを知った顧客は、製品ではなくあなた自身の価値を認めてくれるはずです。

そうなったとき、その人はきっとよりよい製品やサービスを考えるヒントをくれたり、クラウドファンディングやクラウドソーシングといった形で協力してくれたりするでしょう。現在、こうした手法が盛んになっているのは、特定の製品ではなく、一緒に何かを成し遂げることにこそ価値があるとみんなが認識しているからです。

Q6

つまり「共創」ですね。顧客と一緒なら、より多くの価値を生み出せるということでしょうか？

A はい。あなたが自分の価値を明確に顧客に伝えること、そして相手にも「リミックス」の能力があることが重要です。あなたの製品やサービスの運用を理解するだけでなく、手直ししてよりよいものにしてくれるでしょう。また、相手がより優れたアイデアを出すときは、迅速に、シンプルに伝えてくれる。そうした条件がそろえば「共創」のエコシステムが生まれます。

Q7

起業する際には、自分のアイデアを完全に公開するべきということですか？

A 少なくとも、自分の「使命」は完全に透明化すべきです。

Q8

みんなに起業をすすめますか？

A まずは「使命」を持ってください。

Q9

使命とアイデアがあれば起業できますか？

A はい。実はたいしたアイデアではなかったと、あとから気づいたとしても、同じような使命を持った多くの友人たちと出会えます。

Q10

逆に言うと、起業に失敗するのはアイデアを自分だけで抱え込み、共有したり公開したりしないからでしょうか？

A あなたが語ろうとしなければ、人はあなたの価値を認識はしてくれても理解はしてくれません。

Q11

優れたアイデアがあれば成功の可能性はある。ただ、アイデアを抱え込んでいたら、成功のあとに危険が待っているということですか？

A 市場や環境はつねに変化しています。どんなに優れたアイデアでも、市場や環境の変化についていけなければ、半年もしないうちに時代にフィットしなくなってしまいます。最初のアイデアはもちろん重要ですが、より重要なのは時代に合わせて変化していけることです。

Q12

アイデアを公開してからも、各方面の考えや顧客の意見を取り入れ続けるということでしょうか？

A あなたのチームがとても優秀なら、内部の人材だけに頼るのもいいでしょう。でも、外部とつながった「共創」のエコシステムを作り上げていなければ、「関わっている人はみんな優秀なのに、顧客の興味はすでに別のものに移っていて、あなたはそれに気づいていない」という状況に陥りかねません。

Q13

「価値」をどのように定義しますか？

A 今、私たちが「やるに値する」と感じること、そして未来になってもみんなが「やるに値する」と感じること、それが共通の価値というものだと思っています。

Q14

以前、あるメディアで「Full-width space」の話をしていましたが、これは物事の見方についての言葉でしょうか？

A　「Full-width space」とは「全角スペース」のことです。私は昔から、人を「自分に似ている、似ていない」で分けたり、政党を「自分に考えが近い、近くない」で判断したりはしません。「全角」とは「半角」と対比しての表現です。頭のなかであらゆる物事を二分して考えていては、自分の認識を狭めてしまいます。できる限り「すべての人の側に立つ（take all the side）」ことを心がけ、大きな枠で物事をとらえたいと思っています。

Q15

心に余白を、という意味ですね？

A　はい。

Q16

学習の過程で「これをもって成功とする」という目標はありましたか？

A 今、私がしている政治の仕事は、みんなが満足ではないけれど受け入れられる状態を目指すものです。つまり、みんなの価値観が一つにまとまった状態であるほど成功とみなされます。ですから、私には明確な成功の判断基準があります。たとえば、各県や市で65歳以下も全員、コロナワクチンのオンライン予約が可能になれば、そのときは成功したと感じるでしょう。これは私が自分で定めた基準ではなく、とても客観的なものです。社会では地域ごとにデジタル化の度合いは異なっていますし、人々の要望も偏っています。こうした要望がある程度一つにまとまったとき、政治的には成功したと言えるでしょう。これが85歳でも50歳でもいいと思っていますし、いつまでに私たちのシステムに切り替えなくてはいけないとも考えていません。みんなが「悪くない」と思えるなら、それが成功だと思っています。

Q17

「子どもには大人と同じように接するべきだ」と言いますが、そうしたからといって、子どもがみんな大人のようにふるまえるようになるとは限りません。どうしたらいいでしょうか。

A 大人だってみんな正しいとは限りません（笑）。

Q18

かつてのあなたのように、自分なりの目標があり、やりたいことがはっきりしている子どもばかりではありません。もし自分の子どもが特に理由もなく「学校へ行きたくない」と言ったら、どうすればいいのでしょうか？

A もしあなたの友達が「会社に行きたくない」と言ったら、あなたはこんなふうに言いませんか？「少し休んだら楽になるかもしれないよ？」あるいは「一緒に映画でも見に行こう」と。相手が友達なら、少し休んでリラックスするよう提案するのではないでしょうか。子どもにも同じように言ってあげればいいのです。その代わり、こう付け加えます。「休みの申請書は自分で書くこと。自分のことは自分でしなさい」と。

Q19

定年退職後の生活については、みんなが昔から同じような考えを持ち、不安を抱いています。その点についてどうお考えですか？

A

まだ真剣に考える余裕があるうちに、じっくり考えましょう。それほどお金がかからなくて悪くないと思える身の振り方があるかどうか。お金がかかるのはあなたを支えてくれる人とのつながりを持たないからです。もし、あなたを知る人が誰もいないなら、お金を出してサービスを受けるしかありません。互いに支え合える人脈があるなら、お金にかかわらずあなたを支えてくれるでしょう。

Q20

たくさんの人があなたと話し、インタビューし、本を書いています。この現象をどうとらえていますか？

A

私の経験と、そういう本を読みたがる大部分の人の経験にも、一部は共通する部分があるということです。でなければ本を読んでも理解できないし、読みたいとも思わないでしょう。みなさんが生活のなかで気にも留めなかった経験のなかに、私の経験と符合するものがあるのかもしれません。私について書かれた本を読むことで、「他人の時間を奪わないようにしよう」とか、「人の話に真剣に耳を傾けよう」とか意識し直すきっかけになるかもしれません。

邦訳参考文献

訳出にあたり、下記を参考にしました。

アイリス・チュウ、鄭仲嵐『Au オードリー・タン　天才IT相7つの顔』文藝春秋

オードリー・タン『オードリー・タン　デジタルとAIの未来を語る』プレジデント社

近藤 弥生子『オードリー・タンの思考　IQよりも大切なこと』ブックマン社

石崎洋司『「オードリー・タン」の誕生　だれも取り残さない台湾の天才IT相』講談社

マイケル・サンデル、鬼澤忍訳『これからの「正義」の話をしよう――いまを生き延びるための哲学』早川書房

マイケル サンデル、鬼澤忍ほか訳『実力も運のうち　能力主義は正義か？』早川書房

ユヴァル・ノア・ハラリ、柴田裕之訳『21 Lessons: 21世紀の人類のための21の思考』河出書房新社

テッド・チャン、浅倉久志ほか訳『あなたの人生の物語』早川書房

テッド・チャン、大森望訳『息吹』早川書房

ジェシカ・ブルーダー、鈴木素子訳『ノマド：漂流する高齢労働者たち』春秋社

石井貴士『本当に頭がよくなる1分間記憶法』SBクリエイティブ

（順不同）

オードリー・タン関連本以外は、本文や訳文を引用したもの、および内容を比較的詳しく述べたもののみ挙げています。

【語り】

唐鳳（オードリー・タン）

◉──元台湾デジタル担当政務委員（閣僚）。台湾初のデジタル大臣、台湾の無任所大使である。1981年、台湾台北市生まれ。幼少時から独学でプログラミングを学習。14歳で中学校を自主退学、プログラマーとしてスタートアップ企業数社を設立。19歳のとき、シリコンバレーでソフトウエア会社を起業する。2005年、プログラミング言語Perl6開発への貢献で世界から注目を浴びる。トランスジェンダーであることを公表。2014年、米アップルでデジタル顧問に就任、Siriなどの人工知能プロジェクトに加わる。その後、ビジネスの世界から引退。蔡英文政権において、35歳の史上最年少で行政院（内閣）に入閣、デジタル政務委員に登用され、部門を超えて行政や政治のデジタル化を主導する役割を担った。2019年、アメリカの外交専門誌『フォーリン・ポリシー』のグローバル思想家100人に選出。台湾の新型コロナウイルス対応では、マスク在庫管理システムを構築、感染拡大防止に大きく寄与した。

【取材・執筆】

楊倩蓉（ヤン・チエンロン）

◉──ジャーナリスト・作家。政大（国立政治大学）のコミュニケーション学科で修士号を取得。20年以上の報道経験を持ち、『遠見』『商業周刊』『Cheers』『30』などの各種雑誌で編集者・主筆などを歴任。
◉──著書に、『吳敏求傳：從零到卓越的識與謀』『疫無反顧：亞東醫院作對的事』（いずれも共著）などがある。

【訳者】

藤原由希（ふじわら・ゆき）

◉──中国語翻訳者。書籍、映画、ドラマの字幕・吹き替えなどの翻訳を手がける。
◉──訳書に、『拡散〈上〉〈下〉大消滅2043』（文藝春秋）、『竹久夢二の世界─美人画からモダンデザインまで─』（パイ　インターナショナル）などがある。

オードリー・タン　私《わたし》はこう思考《しこう》する

2024年11月 5 日　　第 1 刷発行
2024年12月10日　　第 3 刷発行

著　者――楊　倩蓉
訳　者――藤原　由希
発行者――齊藤　龍男
発行所――株式会社かんき出版
東京都千代田区麴町4-1-4 西脇ビル　〒102-0083
電話　営業部：03(3262)8011㈹　編集部：03(3262)8012㈹
FAX　03(3234)4421　　振替　00100-2-62304
https://kanki-pub.co.jp/
印刷所――ベクトル印刷株式会社

 ISBN978-4-7612-7767-3 C0030